Angéline de Montbrun

Laure Conan

Angéline
de Montbrun

Nouvelle édition

BIBLIOTHÈQUE QUÉBÉCOISE

Bibliothèque québécoise inc. est une société d'édition administrée conjointement par la Corporation des éditions Fides, les Éditions Hurtubise HMH ltée et Leméac éditeur.

Direction littéraire

Aurélien Boivin

Direction de la production

Jean-Yves Collette

DÉPÔT LÉGAL : QUATRIÈME TRIMESTRE 1988
BIBLIOTHÈQUE NATIONALE DU QUÉBEC

© La Corporation des éditions Fides, 1988

ISBN : 2-89406-000-9

«L'avez-vous cru que
cette vie fut la vie?»
LACORDAIRE

(Maurice Darville à sa sœur)

Chère Mina,
Je l'ai vue — j'ai vu ma Fleur des Champs, la fraîche fleur de Valriant — et, crois moi, la plus belle rose que le soleil ait jamais fait rougir ne mériterait pas de lui être comparée. Oui, ma chère, je suis chez M. de Montbrun, et je t'avoue que ma main tremblait en sonnant à la porte.

— Monsieur et Mademoiselle sont sortis, mais ne tarderont pas à rentrer, me dit la domestique qui me reçut; et elle m'introduisit dans un petit salon très simple et très joli, où je trouvai Mme Lebrun, qui est ici depuis quelques jours.

J'aurais préféré n'y trouver personne. Pourtant je fis de mon mieux. Mais l'attente est une fièvre comme un autre.

J'avais chaud, j'avais froid, les oreilles me bourdonnaient affreusement, et je répondais au hasard à cette bonne Mme Lebrun qui me regardait avec l'air indulgent qu'elle prend toujours lorsqu'on lui dit des sottises.

Enfin, la porte s'ouvrit, et un nuage me passa sur les yeux : Angéline entrait suivie de son père. Elle était en costume d'amazone, ce qui lui va mieux que je ne saurais dire. Et tous deux me reprochèrent de ne pas t'avoir emmenée, comme s'il y avait de ma faute.

Pourquoi t'es-tu obstinée à ne pas m'accompagner? Tu m'aurais été si utile. J'ai besoin d'être encouragé.

Le souper s'est passé heureusement, c'est-à-dire que j'ai été amèrement stupide; mais je n'ai rien renversé, et dans l'état de mes nerfs, c'est presque miraculeux.

M. de Montbrun, encore plus aimable et plus gracieux chez lui qu'ailleurs, m'inspire une crainte terrible, car je sais que mon sort est dans ses mains.

Jamais sa fille n'entretiendra un sentiment qui n'aura pas son entière approbation, ou plutôt elle ne saurait en éprouver. Elle vit en lui en peu comme les saints vivent en Dieu. Ah! si notre pauvre père vivait! Lui saurait bien me faire agréer.

Après le thé, nous allâmes au jardin, dont je ne saurais rien dire; je marchais à côté d'elle, et toutes les fleurs du paradis terrestre eussent été là, que je ne les aurais pas regardées. L'adorable campagnarde! elle n'a plus son éclatante blancheur de l'hiver dernier. Elle est hâlée, ma chère. Hâlée! que dis-je? n'est-ce pas une insulte à la plus belle peau et au plus beau teint du monde? Je suis fou et je me méprise. Non, elle n'est pas hâlée, *mais il me semble qu'on l'ait dorée avec un rayon de soleil.*

Elle portait une robe mousseline blanche, et le vent du soir jouait dans ses beaux cheveux flottants. Ses yeux — as-tu jamais vu de ces beaux lacs perdus au fond des bois? de ces beaux lacs qu'aucun souffle n'a ternis, et que Dieu semble avoir faits pour refléter l'azur du ciel?

De retour au salon, elle me montra le portrait de sa mère, piquante brunette à qui elle ne ressemble pas du tout, et celui de son père, à qui elle ressemble tant. Ce dernier m'a paru admirablement peint. Mais depuis les causeries artistiques de M. Napoléon Bourassa, dans un portrait, je n'ose plus juger que la ressemblance. Celle-ci est merveilleuse.

— Je l'ai fait peindre pour toi, ma fille, dit M. de Montbrun; et s'adressant à moi : N'est-ce pas qu'elle sera sans excuse si elle m'oublie jamais?

Ma chère, je fis une réponse si horriblement enveloppée et maladroite, qu'Angéline éclata de rire, et bien qu'elle ait les dents si belles, je n'aime pas à la voir rire quand c'est à mes dépens.

Tu ne saurais croire combien je suis humilié de cet embarras de paroles qui m'est si ordinaire auprès d'elle, et si étranger ailleurs.

Elle me pria de chanter, et j'en fus ravi. Crois-moi, ma petite sœur, on ne parlait pas dans le paradis terrestre. Non, aux jours de l'innocence, de l'amour et du bonheur, l'homme ne parlait pas, *il chantait.*

Tu m'as dit bien des fois que je ne chante jamais si bien qu'en sa présence, et je le sens. Quand elle m'écoute, alors le feu sacré s'allume dans mon cœur, alors je sens que j'ai *une divinité en moi.*

J'avais repris ma place depuis longtemps, et personne ne rompait le silence. Enfin M. de Montbrun me dit avec la grâce dont il a le secret : «*Je voudrais parler et j'écoute encore*».

Angéline paraissait émue, et ne songeait pas à le dissimuler, et, pour ne rien te cacher, en me retirant j'eus la mortification d'entendre Mme Lebrun dire à sa nièce :

«Quel dommage qu'un homme qui chante si bien ne sache pas toujours ce qu'il dit!»

J'ignore ce que Mlle de Montbrun répondit à ce charitable regret.

Chère Mina, je suis bien inquiet, bien troublé, bien malheureux. Que dire de M. de Montbrun? Il est venu lui-même me conduire à ma chambre, et m'a laissé avec la plus cordiale poignée de main. J'aurais voulu le retenir, lui dire pourquoi je suis venu, mais j'ai pensé : «Puisque j'ai encore l'espérance, gardons-la.»

J'ai passé la nuit à la fenêtre, mais le temps ne m'a pas

duré. Que la campagne est belle! quelle tranquillité! quelle paix profonde! et quelle musique dans ces vagues rumeurs de la nuit!

On a ici des habitudes bien différentes des nôtres. Figure-toi, qu'avant cinq heures M. de Montbrun se promenait dans son jardin.

J'étais à le considérer, lorsque Angéline parut, belle comme le jour, radieuse comme le soleil levant. Elle avait à la main son chapeau de paille, et elle rejoignit son père, qui l'étreignit contre son cœur. Il avait l'air de dire : «Qu'on vienne donc me prendre mon trésor!»

Chère Mina, que ferai-je s'il me refuse? Que puis-je contre lui? Ah! s'il ne s'agissait que de la mériter.

À bientôt, ma petite sœur, je m'en vais me jeter sur mon lit pour paraître avoir dormi.

Je t'embrasse.

Maurice.

(Mina Darville à son frère)

Je me demande pourquoi tu es si triste et si découragé. M. de Montbrun t'a reçu cordialement, que voulais-tu de plus? Pensais-tu qu'il t'attendait avec le notaire et le contrat dressé, pour te dire : «Donnez-vous la peine de signer».

Quant à Angéline, j'aimerais la voir un peu moins sereine. Je vois d'ici ses beaux yeux limpides si semblables à ceux de son père. Il est clair que tu n'es encore pour elle que le frère de Mina.

J'ignore si, comme tu l'affirmes, le chant fut le langage du premier homme dans le paradis terrestre, mais je m'assure que ce devrait être le tien dans les circonstances présentes. Ta voix la ravit.

Je l'ai vue pleurer en t'écoutant chanter, ce que, du reste, elle ne cherchait pas à cacher, car c'est la personne la plus simple, la plus naturelle du monde, et, n'ayant jamais lu de romans, elle ne s'inquiète pas des larmes que la pénétrante douceur de ton chant lui fait verser.

Moi, en semblables cas, je ferais des réflexions; j'aurais peur des larmes.

Mon cher Maurice, je vois que j'ai agi bien sagement en refusant de t'accompagner. Tu m'aurais donné trop d'ouvrage. J'aime mieux me reposer sur mes lauriers de l'hiver dernier.

D'ailleurs, je t'aurais mal servi; je ne me sens plus l'esprit prompt et la parole facile comme il faut l'avoir pour aller à la rescousse d'un amoureux qui s'embrouille.

Mais, mon cher, pas d'idées noires. Angéline te croit distrait, et te soupçonne de sacrifier aux muses. Quant à M. de Montbrun, il a bien trop de sens pour tenir un pauvre amoureux responsable de ses discours.

Je t'approuve fort d'admirer Angéline, mais ce n'est pas une raison pour déprécier les autres. Vraiment, je serais bien à plaindre si je comptais sur toi pour découvrir ce que je vaux.

Heureusement, beaucoup me rendent justice, et les mauvaises langues assurent qu'un ministre anglican, que tu connais bien, finira par oublier ses ouailles pour moi.

Je ne veux pas te chicaner. Angéline est la plus charmante et la mieux élevée des Canadiennes. Mais qui sait, ce que je serais devenue, sous la direction de son père...

Tu en as donc bien peur de ce terrible homme. J'avoue qu'il ne me semble pas fait pour inspirer de l'épouvante. Mais je suis peut-être plus brave qu'un autre.

D'ailleurs, tu sais quel intérêt il nous porte. L'hiver dernier, à propos de... n'importe — suppose une extravagance quelconque — il me prit à part, et après m'avoir appelée *sa pauvre orpheline*, il me fit la plus sévère et la plus délicieuse des réprimandes. (Malvina B... et d'autres prophétesses de ma connaissance, annoncent que tu seras la gloire du barreau, mais tu ne parleras jamais comme lui dans l'intimité.)

Je le remerciai du meilleur de mon cœur, et il me dit avec cette expression qui le rend si charmant : «Il y a du plaisir à vous gronder. Angéline aussi a un bon caractère, quand je la reprends, elle m'embrasse toujours.»

Et je le crus facilement. — Ce n'est pas moi qui voudrais douter de la parole du plus honnête homme de mon pays.

Oui, c'est bien vrai qu'il tient ton sort dans ses mains. Ah! dis-tu, s'il ne s'agissait que de la mériter? Es-tu sûr de n'avoir pas ajouté en toi-même : *Paraissez, Navarrois, Maures et Castillans...*

Quel dommage que le temps de la chevalerie soit passé! Angéline aime les vaillants et les grands coups d'épée.

Pendant les quatre mois qu'elle a passés au couvent lors du voyage de son père, nous allions souvent nous asseoir sous les érables de la cour des Ursulines; et là nous parlions des chevaliers. Elle aimait Beaumanoir— celui qui but son sang dans le combat des Trente—mais sa plus grande admiration était pour Duguesclin. Elle aimait à rappeler qu'avant de mourir, le bon connétable demanda son épée pour la baiser.

Vraiment c'est dommage que nous soyons dans le dix-neuvième siècle : j'aurais attaché à tes larmes les couleurs d'Angéline; puis, au lieu d'aller te conduire au bateau, je t'aurais versé le coup de l'étrier, et je serais montée dans la tour solitaire, où un beau page m'apporterait les nouvelles de tes hauts faits.

Au lieu de cela, c'est le facteur qui m'apporte des lettres où tu extravagues, et c'est humiliant pour moi la *sagesse* de la famille. Tu sais que M. de Montbrun me demande souvent, comme Louis XIV à Mme de Maintenon : «Qu'en pense votre solidité?» Toi, tu ne sais plus me rien dire d'agréable, et le métier de confidente d'un amoureux est le plus ingrat qui soit au monde.

Mille tendresses trop tendres à Angéline, et tout ce que tu vaudras à son père. Dis-lui que je le soupçonne de songer à sa candidature, et un candidat, *c'est une vanité*.

Je fais des vœux pour que tu continues à ne rien renverser à table. J'appréhendais des dégâts.

Ne tarde pas davantage à poser la grande question. Aie confiance. Il ne peut oublier de qui tu es le fils, et bien sûr qu'il n'est pas sans penser à l'avenir de sa fille, qui n'a que lui au monde.

Mon cher, la maison est bien triste sans toi.

Je t'embrasse.

Mina.

P.S. — Le docteur L... qui flaire quelque chose, est venu pour me faire parler; mais je suis discrète. Je lui ai seulement avoué que tu m'écrivais avoir perdu le sommeil.

— Miséricorde, m'a-t-il dit, il faut lui envoyer des narcotiques, vous verrez qu'il s'oubliera jusqu'à donner une sérénade.

Et le docteur entonna de son plus beau fausset :

Tandis que dans les pleurs en priant, moi, je veille,
Et chante dans la nuit seul, loin d'elle, à genoux...

Pardonne-moi d'avoir ri. Tu as peut-être la plus belle voix du pays, mais prends garde, M. de Montbrun dirait :

Le vent qui vient à travers la montagne...

Achève, et crois-moi, n'ouvre pas trop ta fenêtre aux vagues rumeurs de la nuit : tu pourrais t'enrhumer, ce qui serait dommage. Si absolument tu ne peux dormir, eh! bien, fais des vers. Nous en serons quittes pour les jeter au feu à ton retour.

M.

(Maurice Darville à sa sœur)

Chère Mina,

Tu feins d'être ennuyée de mes confidences, mais si je te prenais au mot... comme tu déploierais tes séductions! que de câlineries pour m'amener à tout dire! Pauvre fille d'Ève!

Mais ne crains rien. Je dédaigne les vengeances faciles.

D'ailleurs, mon cœur déborde. Mina, je vis sous le même toit qu'elle, dans la délicieuse intimité de la famille; et il y a dans cette maison bénie un parfum qui me pénètre et m'enchante.

Je me sens si différent de ce que j'ai coutume d'être. La

moindre chose suffit pour m'attendrir, me toucher jusqu'aux larmes. Mina, je voudrais faire taire tous les bruits du monde autour de ce nid de mousse, et y aimer en paix.

Quelle est belle! Il y a en elle je ne sais quel charme souverain qui enlève l'esprit. Quand elle est là, tout disparaît à mes yeux, et je ne sais plus au juste s'il est nuit ou s'il est jour.

On dit l'homme profondément égoïste, profondément orgueilleux, quelle est donc cette puissance de l'amour qui me ferait me prosterner devant elle? qui me ferait donner tout mon sang pour rien — pour le seul plaisir de le lui donner?

Tout cela est vrai. Ne raille pas, Mina, et dis-moi ce qu'il faut dire à son père. Tu le connais mieux que moi, et je crains tant de mal m'y prendre, de l'indisposer. Puis, il a dans l'esprit une pointe de moquerie dont tu t'accommodes fort bien, mais qui me gêne, moi qui ne suis pas railleur.

Tantôt, retiré dans ma chambre pour t'écrire, j'oubliais de commencer. Le *beau rêve si doux à rêver* m'absorbait complètement, et je fus bien surpris d'apercevoir M. de Montbrun, qui était entré sans que je m'en fusse aperçu, et debout devant moi, me regardait attentivement.

Il accueillit mes excuses avec cette grâce séduisante que tu admires si fort, et comme je balbutiais je ne sais quoi pour expliquer ma distraction, il croisa les bras, et me dit avec son sérieux railleur :

— C'est cela.

Sans haine et sans amour, tu vivais pour penser.

Je restai moitié fâché, moitié confus. Aurait-il deviné? Alors pourquoi se moquer de moi? Est-ce ma faute, si ma pauvre âme s'égare dans un paradis de rêveries?

Je t'embrasse.

Maurice.

(*Mina Darville à son frère*)

À quoi sert-il de chasser aux chimères, ou plutôt n'en pas faire des réalités? Va trouver M. de Montbrun, et — puisqu'il faut te suggérer les paroles— dis-lui : «Je l'aime, ayez pitié de moi».

Ce n'est pas plus difficile que cela. Mais maîtrise tes nerfs, et ne va pas t'évanouir à ses pieds. Il aime les tempéraments bien équilibrés.

Je le sais par cœur, et ce qu'il va se demander, ce n'est pas absolument si tu es amoureux au degré extatique, si tu auras de grands succès, mais si tu es de force à marcher, coûte que coûte, dans le sentier du devoir.

Compte qu'il tirera ton horoscope d'après ton passé. Il n'est pas de ceux qui jugent que tout ira droit parce que tout a été de travers.

Tu dis que je le connais mieux que toi. Ce doit être, car je l'ai beaucoup observé.

J'avoue que je le mettrais sans crainte à n'importe quelle épreuve, et pourtant, *c'est une chose terrible d'éprouver un homme*. Remarque que ce n'est pas une femme qui a dit cela. Les femmes, au lieu de médire de leurs oppresseurs, travaillent à leur découvrir quelques qualités, ce qui n'est pas toujours facile.

Quant à M. de Montbrun, on voit du premier coup d'œil qu'il est parfaitement séduisant, et c'est bien quelque chose, mais il a des idées à lui.

Ainsi je sais qu'à l'approche de son mariage, quelqu'un s'étant risqué à lui faire des représentations sur son choix peu avantageux selon le monde, il répondit, sans s'émouvoir du tout, que sa future avait les deux ailes dont parle l'Imitation : la simplicité et la pureté; et que cela lui suffisait parfaitement.

On se souvient encore de cet étrange propos. Tu sais qu'il se lassa vite d'être militaire pour la montre, et se fit cultivateur. Il a prouvé qu'il n'entendait pas non plus l'être seulement de nom.

Angéline m'a raconté que le jour de ses noces, son père alla à son travail. Oui, mon cher — c'est écrit dans quelques pages intimes que Mme de Montbrun a laissées — dans la matinée il s'en fut à ses champs.

C'était le temps des moissons, et M. de Montbrun était dans sa première ferveur d'agriculture. Pourtant, si tu veux réfléchir qu'il avait vingt-trois ans, et qu'il était riche et amoureux de sa femme, tu trouveras la chose surprenante.

Ce qui ne l'est guère moins, c'est la conduite de Mme de Montbrun.

Jamais elle n'avait entendu dire qu'un marié se fût conduit de la sorte; mais après y avoir songé, elle se dit qu'il est permis de ne pas agir en tout comme les autres, que l'amour du travail, même poussé à l'excès, est une garantie précieuse, et que s'il y avait quelqu'un plus obligé que d'autres de travailler, c'était bien son mari, robuste comme un chêne. Tout cela est écrit.

D'ailleurs, pensa-t-elle, «un travailleur n'a jamais de *migraines* ni de *diables bleus*». (Mme de Montbrun avait un grand mépris pour les malheureux atteints de l'une ou l'autre de ces infirmités, et probablement qu'elle eût trouvé fort à redire sur un gendre qui *s'égare dans un paradis de rêveries*.)

Quoi qu'il en soit, prenant son rôle de fermière au sérieux, elle alla à sa cuisine, où à défaut de brouet noir dont la recette s'est perdue, elle fit une soupe pour son seigneur et maître, qu'elle n'était pas éloignée de prendre pour un Spartiate ressuscité, et la soupe faite, elle trouva plaisant d'aller la lui porter.

Or, un des employés de son mari la vit venir, et comme il avait une belle voix, et l'esprit d'à propos, il entonna allègrement :

Tous les chemins devraient fleurir,
Devraient fleurir, devraient germer
Où belle épousée va passer.

M. de Montbrun entendit, et comme Cincinnatus, à la

16

voix de l'envoyé de Rome, il laissa son travail. Son chapeau de paille à la main, il marcha au devant de sa femme, reçut la soupe sans sourciller, et remercia gravement sa ménagère qu'il conduisit à l'ombre. S'asseyant sur l'herbe, ils mangèrent la soupe ensemble, et Mme de Montbrun assurait qu'on ne fait pas deux fois dans sa vie un pareil repas.

Ceci se passait il y a dix-neuf ans, mais alors comme aujourd'hui, il y avait une foule d'âmes charitables toujours prêtes à s'occuper de leur prochain.

L'histoire des noces fit du bruit, on en fit cent railleries, ce qui amusa fort les auteurs du scandale.

Un peu plus tard, ils se réhabilitèrent, jusqu'à un certain point, en allant voir la chute Niagara.

Cette entrée en ménage plaît à Angéline, et cela devrait te faire songer. L'imitation servile n'est pas mon fait, mais nous aviserons. Tiens! j'ai trouvé. Il y a au fond de ton armoire un in-folio qui, bien sûr, te donnerait l'air grave si tu en faisais des extraits le jour de tes noces.

Mon cher Maurice, crois-moi, ne tarde pas. Je tremble toujours que tu ne fasses quelque sortie auprès d'Angéline. Et la manière d'agir de M. de Montbrun prouve qu'il ne veut pas qu'on dise les doux riens à sa fille, ou la divine parole, si tu l'aimes mieux. Tu es le seul qu'il admette dans son intimité, et cette marque d'estime t'oblige. D'ailleurs, abuser de sa confiance, *ce serait plus qu'une faute, ce serait une maladresse.*

Avec toi de cœur.

Mina.

(Maurice Darville à sa sœur)

Tu as mille fois raison. Il faut risquer la terrible demande, mais je crois qu'il fait exprès pour me décontenancer.

Ce matin, décidé d'en finir, j'allai l'attendre dans son cabinet de travail, où il a l'habitude de se rendre de bonne heure. J'aime cette chambre où Angéline a passé tant d'heures de sa vie; et si j'avais la table sur laquelle Cicéron a écrit ses plus beaux plaidoyers, je la donnerais pour le petit pupitre où elle faisait ses devoirs.

L'autre soir, je lui demandais si, enfant, elle aimait l'étude. — Pas toujours, répondit-elle. Et regardait son père avec cette adorable coquetterie qu'elle n'a qu'avec lui. — Mais je le craignais tant!

Mina, je me demande comment j'arrive à me conduire à peu près sensément. Au fond, je n'en sais rien du tout.

Pour revenir à mon récit, sur le mur, en face de la table de travail de M. de Montbrun, il y a un petit portrait de sa femme, et un peu au-dessous, suspendue aussi par un ruban noir, une photographie de notre pauvre père en capot d'écolier. C'est surtout sa figure fatiguée et malade que je me rappelle, et pour moi ce jeune et souriant visage ne lui ressemble guère.

J'étais là à le considérer quand M. de Montbrun entra. Nous parlâmes du passé, de leur temps de collège. Jamais je ne l'avais vu si cordial, si affectueux. Je crus le moment bien choisi, et lui dis assez maladroitement :

— Il me semble que vous devez regretter de ne pas avoir de fils.

Il me regarda. Si tu avais vu la fine malice dans ses beaux yeux.

— D'où vous vient ce souci, mon cher, répondit-il? et, ensuite, avec un grand sérieux : «Est-ce que ma fille ne vous paraît pas tout ce que je puis souhaiter?»

Pour qui aime les railleurs, il était à peindre dans ce moment. Je fis appel à mon courage, et j'allais parler bien clairement, quand Angéline parut à la fenêtre où nous étions assis. Elle mit l'une de ses belles mains sur les yeux de son père, et de l'autre me passa sous le nez une touffe de lilas tout humide de rosée.

— *Shocking*, dit M. de Montbrun. Vois comme Maurice rougit pour moi de tes manières de campagnarde.

— Mais, dit Angéline, avec le frais rire que tu connais, Monsieur Darville rougit peut-être pour son compte. Savez-vous ce qu'éprouve un poète qu'on arrose des pleurs de la nuit?

—Ma fille, reprit-il, on ne doit jamais parler légèrement de ceux qui font des vers.

Rien n'abat un homme ému comme une plaisanterie. Je me sentis éteint pour la journée. Mais je la regardais et c'est une jouissance à laquelle mes yeux ne savent pas s'habituer.

Si tu l'avais vue, comme elle était dans la vive lumière! Oui, c'est bien la fée de la jeunesse! Oui, elle a tout l'éclat, toute la fraîcheur, tout le charme, tout le rayonnement du matin!

Non, il n'aura pas le cœur de me désespérer! Cette situation n'est plus tenable, et puisque je ne sais pas parler, je vais écrire.

M. de Montbrun m'a longuement parlé de toi. Il trouve que tu as trop de liberté et pas assez de devoirs. Il m'a demandé combien tu comptais d'amoureux par le temps qui court, mais je n'ai pu dire au juste.

D'après lui, l'atmosphère d'adulation où tu vis ne t'est pas bonne. D'après lui encore, tu as l'humeur coquette, et il vaudrait mieux pour toi entrer dans le sérieux de la vie.

Je te répète tout bien exactement. On parle de ma voix en termes obligeants, mais je n'oserais jamais en dire autant en une fois. Réprimander les jeunes filles est un art difficile. Pour s'en tirer à son honneur, il faut avoir la taille de François Ier, et ce charme de manières que tu appelles du *montbrunage*.

Ma chère Mina, que je suis bien ici! J'aime cette maison isolée et riante qui regarde la mer à travers ses beaux arbres, et sourit à son jardin par-dessus une rangée d'arbustes charmants.

Elle est blanche, ce qui ne se voit guère, car des plantes grimpantes courent partout sur les murs, et sautent hardiment sur le toit. Angéline dit: «Le printemps est bien heureux de m'avoir. J'ai si bien fait, que tout est vert.» Aujourd'hui nous avons fait une très longue promenade. On voulait me faire admirer la baie de Gaspé, me montrer l'endroit où

Jacques Cartier prit possession du pays en y plantant la croix. Mais Angéline était là, et je ne sais plus regarder qu'elle. Mina, qu'elle est ravissante! J'ai honte d'être si troublé : cette maison charmante semble faite pour abriter la paix. Que deviendrais-je, mon Dieu, s'il allait refuser? Mais j'espère.

Je t'embrasse, ma petite sœur.

Maurice.

(Mina Darville à son frère)

Moi aussi j'espère. Mais écrire au lieu de parler, c'est lâcheté pure. Mon cher, tu es un poltron.

Si Angéline le savait! elle qui aime tant le courage! Oui, elle aime le courage — comme toutes les femmes d'ailleurs — et il y a longtemps que nous avons décidé que c'était une grande condescendance d'agréer les hommages de ceux qui n'ont jamais respiré l'odeur de la poudre et du sang. Pour moi, j'ai toujours regretté de n'être pas née dans les premiers temps de la colonie, alors que chaque Canadien était un héros.

N'en doute pas, c'était le beau temps des Canadiennes. Il est vrai qu'elles apprenaient parfois que leurs amis avaient été scalpés mais n'importe, ceux d'alors valaient la peine d'être pleurés. Là-dessus, Angéline partage tous mes sentiments, et voudrait avoir vécu du temps de son cousin de Lévis*.

Tu devrais mettre la jalousie de côté, et lui parler souvent de ce vaillant. Elle aime le souvenir de ces jours *où la voix de Lévis retentissait sonore*, et elle s'indigne contre les Anglais qui n'ont pas rougi de lui refuser les honneurs de la guerre. Son père l'écoute d'un air charmé.

Mon cher, nous avons une belle chance de n'avoir pas vécu il y a quelque cent ans. Le vainqueur de Sainte-Foye eût fait la conquête du père et de la fille, et notre machia-

---

* Les Montbrun étaient une branche de la maison de Lévis.

vélisme aurait échoué. Quant au chevaleresque Lévis, personne ne m'en a rien dit, mais j'incline à croire qu'il chantait comme le beau Dunois : *Amour à la plus belle*.

Ainsi on voudrait me faire entrer dans le sérieux de la vie... Il me semble que *flirter* avec un *Right Reverend*, c'est quelque chose d'assez grave.

Au fond, je ne suis pas plus frivole que n'importe quel vieux politique, et je suis à peu près aussi enthousiasmée de mes contemporains. Quant à avoir l'humeur coquette, c'est calomnie pure.

M. de Montbrun me rendra raison de ses propos, et il pourrait bien venir me faire ses remarques lui-même. Suis-je donc si imposante ou si désagréable?

Mon cher Maurice, tu ne saurais croire comme j'ai hâte d'entendre ta belle voix dans la maison.

Depuis que tu es amoureux, tu ne sais pas toujours ce que tu dis, mais ta voix a des sonorités si douces. Tu m'as gâté l'oreille, et tous ceux à qui je parle me paraissent enrhumés.

À propos, il paraît qu'un vaisseau français va venir prochainement à Québec. Dieu merci, je suis aussi royaliste que la plus auguste douairière du faubourg Saint-Germain; mais cela n'empêche pas d'aimer le drapeau tricolore «car c'est encore l'étendard de la France», et... je voudrais bien que les marins français vissent Angéline. Tenir la plus jolie fille du Canada cachée dans un village de Gaspé, c'est un crime. Bien éclipsée je serais, si elle se montrait; mais n'importe, l'honneur national avant tout.

Je t'embrasse,

Mina.

(Maurice Darville à sa sœur)

Je ne tiens pas du tout à ce qu'Angéline voie les marins français. Je compte sur toi pour leur faire chanter : *Vive la Canadienne*! Sois-en sûre, nous sommes tous trop tendres pour la France qui ne songe guère aux Canadiens, *exilés dans leur propre patrie*, comme disait Crémazie.

Je ne veux pas que les marins français fassent la cour à Mlle de Montbrun, et lui racontent des combats et des tempêtes. Mais les ombres les plus illustres m'inquiètent assez peu. «De Lévis, de Montcalm, on *dira* les exploits», tant qu'il lui plaira.

Ma chère, si je ne suis pas encore le plus heureux des hommes, du moins je suis loin d'être malheureux.

Mais il est convenu que je dirai tout. Donc, ma lettre écrite, je l'envoyai porter à M. de Montbrun, et j'allai au jardin attendre qu'il me fit appeler, ce qui tarda un peu. Faut-il te dire ce que j'endurai?

Enfin, une manière de duègne, qui m'a l'air de tenir le milieu entre gouvernante et servante, vint me chercher de la part de son maître.

Malheureusement, sur le seuil de la porte, je rencontrai Angéline, qui me dit : Venez voir mon cygne.

Et comme tu penses, je la suivis. Comment refuser?

Tu sais peut-être qu'un ruisseau coule dans le jardin, très vaste et très beau. M. de Montbrun en a profité pour se donner le luxe d'un petit étang qui est bien ce qu'on peut voir de plus joli. Des noyers magnifiques ombragent ces belles eaux, et les fleurs sauvages croissent partout sur les bords et dans la mousse épaisse qui s'étend tout autour de l'étang. C'est charmant, c'est délicieux, et le cygne pense de même car il affectionne cet endroit.

Angéline nu-tête, un gros morceau de pain à la main, marchait devant moi. De temps en temps, elle se retournait pour m'adresser quelques mots badins. Mais arrivée à l'étang, elle m'oublia.

Son attention était partagée entre les oiseaux qui chantaient dans les arbres, et le cygne qui se berçait mollement sur les eaux. Mais le cygne finit par l'absorber. Elle lui jetait des miettes de pain, en lui faisant mille agaceries dont il est impossible de dire le charme et la grâce; et l'oiseau semblait prendre plaisir à se faire admirer. Il se mirait dans l'eau, y plongeait son beau cou, et longeait fièrement le bords fleuris de ce lac en miniature où se reflétait le soleil couchant.

—Est-il beau! est-il beau! disait Angéline enthousiasmée. Ah! si Mina le voyait!

Elle me tendit les dernières miettes de son pain, pour me
les lui faire jeter. Les rayons brûlants du soleil glissant à
travers le feuillage tombaient autour d'elle en gerbes de feu.
Je fermai les yeux. Je me sentais devenir fou. Elle,
remarquant mon trouble, me demanda naïvement :

—Mais, monsieur Darville, qu'avez-vous donc?

Mina, toutes mes résolutions m'échappèrent. Je lui dis :

—Je vous aime! Et involontairement je fléchis le
genou devant elle qui tient le bonheur et la vie, dans sa
chaste main.

Je n'avais pas été maître de penser à ce que je faisais. En
la voyant stupéfaite, interdite, la raison me revint, et je
compris mon tort. Mais avant que j'eusse pu trouver une
parole, elle avait disparu.

Pour moi, une joie ardente éclatait dans mon cœur, et je
restais là à me répéter : «Elle sait, elle sait que je l'aime.»

J'avais complètement oublié que son père m'attendait,
et j'en fus mortifié quand on vint me le rappeler. Cette fois,
je me rendis sans *encombre*. Il m'invita d'un geste à
m'asseoir près de lui.

—Eh! bien, me dit-il en roulant ma lettre entre ses
doigts, voilà donc l'explication des sottises que vous nous
contez depuis quelque temps.

Je ne répondis rien, et comme il restait silencieux, je
pris sa main et lui dis que j'en perdrais la tête ou que j'en
mourrais.

—Mettons que vous auriez une terrible migraine, me
répondit-il.

Le plus difficile était fait. Je lui parlai sans contrainte en
toute confiance. Je lui dis bien des choses, et il me semble
que je ne parlai pas mal. Il avait l'air tout près d'être ému, et
tu l'aurais trouvé parfaitement charmant; mais je n'en pus
tirer d'autres réponses que : «J'y songerai.» D'ailleurs,
ajouta-t-il, rien ne presse. Vous êtes bien jeune.

Je lui dis :

— J'ai vingt et un ans.

— Angéline en a dix-huit, reprit-il, mais c'est une enfant, et je désire beaucoup qu'elle reste enfant aussi longtemps que possible.

Cela me rappela que j'avais abusé de son hospitalité et je me sentis rougir. Il s'en aperçut, et me dit très doucement :

— Si vous voyez dans mes paroles une leçon indirecte, vous vous trompez. Je crois à votre délicatesse.

Ces mots m'humilièrent plus que n'importe quels reproches. Ma foi, je n'y tins pas et malgré le risque terrible de baisser dans son estime, je lui fis l'aveu de ma belle conduite.

— A-t-elle ri? me demanda-t-il.

La question me parut cruelle, et malgré tout je fus charmé de répondre qu'elle n'avait point ri. Sa figure se rembrunit beaucoup, et il me dit très froidement :

— Je regrette votre indiscrétion plus que vous ne sauriez croire.

J'étais à peu près aussi mal à l'aise qu'on peut l'être. On sonna le souper, ce qui lui rappela sans doute que je suis son hôte, car il redevint lui-même, et m'invita gracieusement à me rendre à table.

Nous y trouvâmes, avec les dames, un vieux prêtre, curé du voisinage, qui, pendant le repas, nous raconta fort gentiment les travaux d'un bouvreuil, en frais de se construire un nid dans un rosier de son jardin.

Évidemment ces aimables propos s'adressaient à Mlle de Montbrun, mais pour cette fois, elle ne parut guère plus intéressée que Mme W... aux histoires de son mari, quand elles durent plus de trois quarts d'heure. Ce que voyant, le bon prêtre s'informa poliment du cygne. Elle rougit divinement, et répondit je ne sais quoi que personne ne comprit.

M. l'abbé, tout perplexe, regardait M. de Montbrun avec un air qui semblait dire : «M'expliquerez-vous ceci?»

Après le souper, il désira voir Friby — Friby, c'est un joli écureuil apprivoisé, qui ouvre lui-même la porte de sa cage. M. le curé assure qu'un marguiller en charge n'ouvre pas mieux la porte du banc d'œuvre.

Angéline, qui a coutume de s'amuser tant des gentillesses de l'écureuil, se contenta de lui jeter quelques noix d'une main distraite. Elle se tenait silencieuse à l'écart. Son père l'observait sans qu'il y parut, et me jetait de temps à autre un regard qui disait, si je ne me trompe : «Que le diable vous emporte avec vos extravagances. Comment avez-vous osé troubler cette enfant?»

Mina, ma contrition avait disparu comme la neige au soleil; du moins s'il m'en restait, ce n'était pas sensible. Tu le sais, *ses paupières, jamais sur ses beaux yeux baissées, ne voilaient son regard...*

Maintenant elle n'ose plus me regarder; et te dire ce que j'éprouve en la voyant troublée et rougissante devant moi! Oui, elle m'aimera! Entends-tu, Mina? Je te dis qu'elle m'aimera!

Ma petite sœur, je te chéris, mais je n'ai pas le temps de te l'écrire. Je m'en vais finir la soirée sur la mousse, à l'endroit où je lui ai dit : «Je vous aime.»

Maurice.

(Mina Darville à son frère)

Je te le disais que tu finirais par faire une folie. Mais au fond tu me parais plus à envier qu'à blâmer. Le premier moment passé, M. de Montbrun doit avoir compris que *la faim, l'occasion, l'herbe tendre...* D'ailleurs Angéline t'a interrogé. Je ne puis penser sans rire à cette naïveté. J'ai hâte d'en pouvoir parler à M. de Montbrun pour lui dire : «Voyez l'inconvénient de ne jamais lire de romans, et de n'avoir pour amie intime qu'une personne aussi sage que moi!»

Ainsi, Maurice, tu t'es mis à genoux. Il est vrai que c'était sur la mousse; n'importe, je sais que ces belles choses ne m'arriveront jamais. On me glisse assez volontiers les doux propos mais je n'ai pas *le charme souverain qui enlève l'esprit*, et l'on ne songe pas du tout à se prosterner.

Cela n'empêche pas que je ne sois contente qu'Angéline ait appris à baisser les yeux — ces beaux yeux dont je n'ai jamais pu dire au juste la couleur — mais pardon, c'est à toi de les décrire.

Je t'avouerai que cette histoire de l'étang m'a donné une belle peur. De grâce, qu'allais-tu faire là? Je n'ai pas coutume de critiquer le soleil, mais en pareille circonstance, jeter des gerbes de feu autour d'Angéline, c'était bien imprudent. Au fait, peut-être en as-tu vu plus qu'il n'y en avait. N'importe, tu as bien fait de fermer les yeux.

Tu dis qu'elle t'aimera. Je l'espère, mon cher, et peut-être t'aimerait-elle déjà si elle aimait moins son père. Cette ardente tendresse l'absorbe. Quant à M. de Montbrun, je l'ai toujours cru favorablement disposé. Si tu ne lui convenais pas ou à peu près, il t'aurait tenu à distance comme il l'a fait pour tant d'autres.

Je t'approuve fort de lui avoir confessé ton équipée. D'abord la franchise est une belle chose, et ensuite Angéline, qui ne cache jamais rien à son père, n'aurait pas manqué de tout lui dire à la première occasion, ce qui n'eût rien valu.

Penses-en ce qu'il te plaira, mais si elle est émue, comme tu le crois, je voudrais savoir ce qu'il lui a dit. Cet homme-là a un tact, une délicatesse adorable. Il a du paysan, de l'artiste, surtout du militaire dans sa nature, mais il a aussi quelque chose de la finesse du diplomate et de la tendresse de la femme. Le tout fait un ensemble assez rare. Quel ami tu auras là! et sa fille!

Crois-moi, le jour que tu seras accepté, mets-toi à genoux pour remercier Dieu. Je connais beaucoup de jeunes filles, mais entre elles et Angéline il n'y a pas de comparaison possible. Ce qu'elle vaut, je le sais mieux que toi. Son éclatante beauté éblouit trop tes pauvres yeux. Tu ne vois pas la beauté de son âme, et pourtant c'est celle-là qu'il faut aimer.

À propos, tu sauras que mon révérend admirateur a daigné écrire dans mon album. Ça finit ainsi :

Calm and holy,
Thou sittest by the fireside of the heart,
Feeding its flames.

Mais il est inutile de chercher à t'ouvrir les yeux sur mes glorieuses destinées. Quel dommage que l'étang soit si loin, je l'engagerais à y aller méditer ses sermons, et ne va pas croire que j'irais jeter du pain au cygne. Non, mon cher, la belle nature le laisse froid, mais il a ou veut avoir le culte de l'antiquité, et j'irais laver mes robes dans l'étang, comme la belle Nausicaa.

Faut-il dire que je m'ennuie? que tu me manques? En y réfléchissant, je me suis convaincue que, malgré tes nerfs de vieille duchesse, tu as un caractère aimable. J'espère que le pèlerinage à l'étang s'est accompli heureusement.

Je t'attends; puisque tu es heureux, arrive en chantant.

Il me tarde de t'embrasser.

Mina.

(Charles de Montbrun à Maurice Darville)

Je n'ai pas perdu mon temps depuis votre départ, et il n'y a pas une personne en état de rendre compte de vous que je n'aie fait parler.

Vous êtes à peu près ce que vous devriez être; je l'ai constaté avec bonheur, et comme on ne peut guère exiger davantage de l'humaine nature, j'ai laissé ma fille parfaitement libre de vous accepter. Elle n'a pas refusé, mais elle déclare qu'elle ne consentira jamais à se séparer de moi. Faites vos réflexions, mon cher, et voyez si vous avez objection à *m'épouser*.

Vous dites qu'en vous donnant ma fille, je gagnerai un fils et ne la perdrai pas. Je vous avoue que je pense un peu différemment, mais je serais bien égoïste si j'oubliais son avenir pour le bonheur de la garder toute à moi.

Vous en êtes amoureux, Maurice, ce qui ne veut pas dire que vous puissiez comprendre ce qu'elle m'est, ce qu'elle m'a été depuis le jour si triste, où revenant chez moi, après les funérailles de ma femme, je pris dans mes bras ma pauvre petite orpheline, qui demandait sa mère en pleurant. Vous le savez, je ne me suis déchargé sur personne du soin de son éducation. Je croyais que nul n'y mettrait autant de sollicitude, autant d'amour. Je voulais qu'elle fût la fille de mon âme comme de mon sang, et qui pourrait dire jusqu'à quel point cette double parenté nous attache l'un à l'autre?

Vous ne l'ignorez pas, d'ordinaire on aime ses enfants plus qu'on n'en est aimé. Mais d'Angéline à moi il y a parfait retour; et son attachement sans bornes, sa passionnée tendresse me rendrait le plus heureux des hommes, si je pensais moins souvent à ce qu'elle souffrira en me voyant mourir.

J'ai à peine quarante-deux ans; de ma vie, je n'ai été malade. Pourtant cette pensée me tourmente. Il faut qu'elle ait d'autres devoirs, d'autres affections, je le comprends. Maurice, prenez ma place dans son cœur, et Dieu veuille que ma mort ne lui soit pas l'inconsolable douleur.

Dans ce qui m'a été dit sur votre compte, une chose surtout m'a fait plaisir : c'est l'unanime témoignage qu'on rend à votre franchise.

Ceci me rappelle que l'an dernier, un de vos anciens maîtres me disait, en parlant de vous : «Je crois que ce garçon-là ne mentirait pas pour sauver sa vie.» À ce propos, il raconta certains traits de votre temps d'écolier qui prouvent un respect admirable pour la vérité. «Alors, dit quelqu'un, pourquoi veut-il être avocat?» Et il assura avoir fait un avocat de son pupille, parce qu'il avait toujours été *un petit menteur*.

Glissons sur cette marque de vocation. Votre père était l'homme le plus loyal, le plus vrai que j'aie connu, et je suis heureux qu'il vous ait passé une qualité si noble et si belle. J'espère que toujours vous serez, comme lui, un homme d'honneur dans la magnifique étendue du mot.

Mon cher Maurice, vous savez quel intérêt je vous ai toujours porté, surtout depuis que vous êtes orphelin.

Naturellement, cet intérêt se double depuis que je vois en vous le futur mari de ma fille. Mais avant d'aller plus loin, j'attendrai de savoir si vous acceptez nos conditions.

C. de Montbrun.

(Maurice Darville à Charles de Montbrun)

Monsieur,
Je n'essaierai pas de vous remercier. Sans cesse, je relis votre lettre pour me convaincre de mon bonheur.

Mademoiselle votre fille peut-elle croire que je veuille la séparer de vous? Non, mille fois non, je ne veux pas la faire souffrir. D'ailleurs, sans flatterie aucune, votre compagnie m'est délicieuse.

Et pourquoi, s'il vous plaît, ne serais-je pas vraiment un fils pour vous? Je l'avoue humblement, je me suis parfois surpris à être jaloux de vous; je trouvais qu'elle vous aimait trop. Mais maintenant je ne demande qu'à m'associer à son culte; il faudra bien que vous finissiez pas nous confondre un peu dans votre cœur.

Vous dites, Monsieur, que mon père était l'homme le plus loyal, le plus franc que vous ayez connu. J'en suis heureux et j'en suis fier. Si j'ai le bonheur de lui ressembler en cela, c'est bien à lui que je le dois.

Je me rappelle parfaitement son mépris pour tout mensonge, et je puis vous affirmer que sa main tendrement sévère le punissait fort bien. «Celui qui se souille d'un mensonge, me disait-il alors, toutes les eaux de la terre ne le laveront jamais.»

Cette parole me frappait beaucoup, et faisait rêver mon jeune esprit, quand je m'arrêtais à regarder le Saint-Laurent.

Je vous en prie, prenez la direction de toute ma vie, et veuillez faire agréer à Mlle de Montbrun, avec mes hommages les plus respectueux, l'assurance de ma reconnaissance sans bornes.

Monsieur, je voudrais pouvoir vous dire mon bonheur et ma gratitude.

Maurice Darville.

(Charles de Montbrun à Maurice Darville)

Merci de m'accepter si volontiers. Vous ai-je dit que je ne consentirais pas au mariage d'Angéline avant qu'elle ait vingt ans accomplis? mais je n'ai pas d'objections à ce qu'elle vous donne sa parole dès maintenant, et puisque nous en sommes là, je m'en vais vous demander votre attention la plus sérieuse.

Et d'abord, Maurice, voulez-vous conserver les généreuses aspirations, les nobles élans, le chaste enthousiasme de vos vingts ans? Voulez-vous aimer longtemps et être aimé toujours? «Gardez votre cœur, gardez-le avec toutes sortes de soins, parce que de lui procède la vie.» Faut-il vous dire que vous ne sauriez faire rien de plus grand ni de plus difficile? «Montrez-moi, disait un saint évêque, montrez-moi un homme qui s'est conservé pur, et j'irai me prosterner devant lui.» Parole aussi touchante que noble!

Hé! mon Dieu, la science, le génie, la gloire et tout ce que le monde admire, qu'est-ce que cela, comparé à la splendeur d'un cœur pur? D'ailleurs, il n'y a pas deux sources de bonheur. Aimer ou être heureux, c'est absolument la même chose; mais il faut la pureté pour comprendre l'amour.

Ô mon fils, ne négligez rien pour garder dans sa beauté la divine source de tout ce qu'il y a d'élevé et de tendre dans votre âme. Mais en cela l'homme ne peut pas grand chose par lui-même. À genoux, Maurice, et demandez l'ardeur qui combat et la force qui triomphe. Ce n'est pas en vain, soyez-en sûr, que l'Écriture appelle la prière *le tout de l'homme*, et souvenez-vous que pour ne pas s'accorder ce qui est défendu, il faut savoir se refuser souvent et très souvent ce qui est permis.

Voilà le grand mot et le moins entendu peut-être de

l'éducation que chacun se doit à soi-même. Dieu veuille que vous l'entendiez.

Je vous en conjure, sachez aussi être fort contre le respect humain. Et vous pouvez m'en croire, ce n'est pas très difficile. Dites-moi, si quelqu'un voulait vous faire rougir de votre nationalité, vous ririez de mépris, n'est-ce pas?

Certes, j'admire et j'honore la fierté nationale, mais au-dessus je mets la fierté de la foi. Sachez-le bien, la foi est la plus grande des forces morales. Vivifiez-la donc par la pratique de tout ce qu'elle commande, et développez-la par l'étude sérieuse. J'ai connu des hommes qui disaient n'avoir pas besoin de la religion, que l'honneur était leur dieu, mais il est avec l'honneur, celui-là, du moins, bien des compromis, et si vous n'aviez pas d'autre culte, très certainement, vous n'auriez pas ma fille.

Mon cher Maurice, il est aussi d'une souveraine importance que vous acceptiez, que vous accomplissiez dans toute son étendue la grande loi du travail, loi qui oblige surtout les jeunes, surtout les forts.

Et, à propos, ne donnez-vous pas trop de temps à la musique? Non que je blâme la culture de votre beau talent, mais enfin, la musique ne doit être pour vous que le plus agréable des délassements, et si vous voulez goûter les fortes joies de l'étude, il faut vous y livrer.

Encore une observation. Je n'approuve pas que vous vous mêliez d'élections.

On m'a dit que vous avez quelques beaux discours sur la conscience... Je veux être bon prince, mais, je vous en avertis charitablement, s'il vous arrive encore d'aller, vous, étudiant de vingt ans, éclairer les électeurs sur leurs droits et leurs devoirs, je mettrai Angéline et Mina à se moquer de vous.

D'ailleurs, pourquoi épouser si chaudement les intérêts d'un tel ou d'un autre? Croyez-vous que l'amour de la patrie soit la passion de bien des hommes publics?

Nous avons eu nos grandes luttes parlementaires. Mais

c'est maintenant le temps des petites : l'esprit de parti a remplacé l'esprit national.

Non, le patriotisme, cette noble fleur, ne se trouve guère dans la politique, cette arène souillée. Je serais heureux de me tromper; mais à part quelques exceptions bien rares, je crois nos hommes d'État beaucoup plus occupés d'eux-mêmes que de la patrie.

Je les ai vus à l'œuvre, et ces ambitions misérables qui se heurtent, ces vils intérêts, ces étroits calculs, tout ce triste assemblage de petitesses, de faussetés, de vilenies, m'a fait monter au cœur un immense dégoût, et dans ma douleur amère, j'ai dit : Ô mon pays, laisse-moi t'aimer, laisse-moi te servir en cultivant ton sol sacré!

Je ne veux pas dire que vous deviez faire comme moi. Et dans quelques années, si la vie publique vous attire invinciblement, entrez-y. Mais j'ai vu bien des fiertés, bien des délicatesses y faire naufrage, et d'avance je vous dis : Que ce qui est grand reste grand, que ce qui est pur reste pur.

Cette lettre est grave, mais la circonstance l'est aussi. Je sais qu'un amoureux envisage le mariage sans effroi; et pourtant, en vous mariant, vous contractez de grands et difficiles devoirs.

Il vous en coûtera, Maurice, pour ne pas donner à votre femme, ardemment aimée, la folle tendresse qui, en méconnaissant sa dignité et la vôtre, vous préparerait à tous d'eux d'infaillibles regrets. Il vous en coûtera, soyez-en sûr, pour exercer votre autorité, sans la mettre jamais au service de votre égoïsme et de vos caprices.

Le sacrifice est au fond de tout devoir bien rempli; mais savoir se renoncer, n'est-ce pas la vraie grandeur? Comme disait Lacordaire, dont vous aimez l'ardente parole : «Si vous voulez connaître la valeur d'un homme, mettez-le à l'épreuve, et s'il ne vous rend pas le son du sacrifice, quelle que soit la pourpre qui le couvre, détournez la tête et passez.»

Mon cher Maurice, j'ai fini. Comme vous voyez, je vous ai parlé avec une liberté grande; mais je m'y crois doublement autorisé, car vous êtes le fils de mon meilleur ami, et ensuite, vous voulez être le mien.

Mes hommages à Mlle Darville. Puisqu'elle doit venir, pourquoi ne l'accompagneriez-vous pas? Vous en avez ma cordiale invitation, et les vacances sont proches.

À bientôt. Je m'en vais rejoindre ma fille qui m'attend. Ah! si je pouvais en vous serrant sur mon cœur, vous donner l'amour que je voudrais que vous eussiez pour elle!

C. de Montbrun.

(Maurice Darville à Charles de Montbrun)

Monsieur,

Jamais je ne pourrai m'acquitter envers vous; mais je vous promets de la rendre heureuse, je vous promets que vous serez content de moi.

Il y a dans votre virile parole quelque chose qui m'atteint au-dedans; vous savez vous emparer du côté généreux de la nature humaine, et encore une fois vous serez content de moi. Que vous avez bien fait de ne vous reposer sur personne du soin de former votre fille! Aucune autre éducation ne l'aurait faite celle qu'elle est.

Quant à votre invitation, je l'accepte avec transport, et pourtant, il me semble que vous me verrez arriver sans plaisir. Mais vous avez l'âme généreuse, et j'aurai toujours pour vous les sentiments du plus tendre fils.

Non je n'aurais pas ce triste courage de mettre une main souillée dans la sienne!

Votre fils de cœur,

Maurice Darville.

(*Maurice Darville à Angéline de Montbrun*)

Mademoiselle,
Je vous remercie simplement. Ni le bonheur ni l'amour ne se disent. Du cœur ému dans ses divines profondeurs, ce sont des larmes qui jaillissent. Dieu veuille qu'un jour vous connaissiez l'ineffable douceur de ces larmes.

Mademoiselle, puissiez-vous m'aimer un jour comme je vous aime.

Vôtre à jamais,

Maurice Darville.

(*Angéline de Montbrun à Mina Darville*)

Chère Mina,
Si vous saviez comme je vous désire, au lieu de prendre la bateau comme tout le monde, vous vous embarqueriez sur l'aile des vents. J'aurai tant de plaisir à vous *démondaniser*!

Mon père dit qu'on ne réussit pas tous les jours à des opérations comme celle-là. Les hommes, vous le savez, se font des difficultés sur tout et n'entendent rien aux miracles.

Mais n'importe, je suis pleine de confiance. Je changerai la reine de la mode en fleur des prés, et cette grande métamorphose opérée, vous serez bien contente.

Tout sceptre pèse, j'en suis convaincue, et pourtant — voyez l'inconséquence humaine — je songe à reconquérir mon royaume, et veux vous prendre pour alliée.

Mina, ma maison, que vous croyez si paisible, est en proie aux factions.

Ma vieille Monique oublie que sa régence est finie, et ne veut pas lâcher les rênes du pouvoir, ce qui lui donne un trait de ressemblance avec bien des ministres.

Si vous venez à mon secours, je finirai comme les rois fainéants. Je pourrais, il est vrai, protester au nom de l'ordre et du droit, mais je risque de m'y échauffer, et mon père dit qu'il ne faut pas crier, à moins que le feu ne prenne à la maison.

Je me suis décidée à vous attendre, et lorsqu'on oublie trop que c'est à moi de commander, je prends des airs dignes.

Chère Mina, je vous trouve bien heureuse de venir chez nous. Il me semble que c'est une assez belle chose de voir le maître de céans tous les jours.

Croyez-moi, quand vous l'aurez observé dans son intimité, vous aurez envie de faire comme la reine de Saba, qui proclamait bienheureux les serviteurs de Salomon.

Mme Swetchine a écrit quelque part que la bienveillance de certains cœurs est plus douce que l'affection de beaucoup d'autres; comme la lune de Naples est plus brillante que bien des soleils. Cette pensée me revient souvent lorsque je le vois au milieu de ses domestiques. Chère Mina, j'aimerais mieux être sa servante que la fille de l'homme le plus en vue du pays.

Votre frère assure qu'entre nous la ressemblance morale est encore plus grande que la ressemblance physique. C'est une honte de savoir si bien flatter, et vous devriez l'en faire rougir. Moi, quand j'essaie, il me dit : «Mais, puisque vous avez la plus étroite parenté du sang, pourquoi n'auriez-vous pas celle de l'âme? Ignorez-vous à quel point vous lui ressemblez?»

Cette question me fait toujours rire, car depuis que je suis au monde, j'entends dire que je lui ressemble, et toute petite je le faisais placer devant une glace, pour étudier avec lui cette ressemblance qui ne lui est pas moins douce qu'à moi. Délicieuse étude! que nous reprenons encore souvent.

Que j'ai hâte de vous voir ici où tout sourit, tout embaume et tout bruit! il me semble qu'il y a tant de plaisir à se sentir vivre et que le grand air est si bon! Je veux vous réformer complètement. Hélas! je crains beaucoup de rester toujours campagnarde jusqu'au fond de l'âme. Ici tout est si calme, si frais, si pur, si beau! Quel plaisir j'aurai à vous montrer mes bois, mon jardin et ma maison, mon nid de mousse ou bientôt vous chanterez : *Home, sweet home*. Vous verrez si ma chambre est jolie.

«Elle est belle, elle est gentille, toute bleue.»

comme celle que Mlle Henriette Chauveau a chantée. Quand vous l'aurez vue, vous jugerez s'il m'est possible de ne pas l'aimer, *«ainsi que fait l'alouette et chaque gentil oiseau, pour le petit nid d'herbette qui fut hier son berceau.»*

J'ai mis tous mes soins à préparer la vôtre, et j'espère qu'elle vous plaira. Le soleil y rit partout, ma frileuse. J'y vais vingt fois par jour, pour m'assurer qu'elle est charmante, et aussi parce que vous y viendrez bientôt. Jugez de ma conduite quand vous y serez. L'attente a son charme. Je suis sans cesse à regarder la route par où vous viendrez, mais je n'y vois que le *soleil qui poudroie et l'herbe qui verdoie.*

Dites à M. Maurice que je lui recommande d'avoir bien soin de vous. La belle famille que nous ferons!

Chère sœur, je vous aime et vous attends.

Angéline.

(Mina Darville à Angéline de Montbrun)

Chère sœur,
Permettez-moi de commencer comme vous finissez. Hélas! J'ai commis l'imprudence de laisser lire votre lettre à Maurice, et il y a perdu le peu de raison qui lui restait.

Ma chère, vous m'amusez beaucoup en me recommandant à ses soins. Si vous saviez dans quel oubli un amoureux tient toutes les choses de la terre!

J'en suis réduite à m'occuper de lui comme un enfant. Il paraît qu'en extase on n'a besoin de rien. Cependant je persiste à lui faire prendre un bouillon de temps à autre. Ma cousine, inquiète, voulait le faire soigner, mais il s'est défendu en chantant *sotto voce* :

Ah! gardez-vous de me guérir!
J'aime mon mal, j'en veux mourir.

Le docteur consulté a répondu : «Il a bu du haschisch. Laissez-le tranquille». Ma cousine n'a pas demandé d'explications, mais je vois bien qu'elle n'est pas sûre d'avoir compris. Le langage figuré n'est pas son genre.

Je prie votre sagesse de ne pas s'alarmer. Maurice a une nature d'artiste, et il est dans toute l'effervescence de la jeunesse. Mais ça se calmera. Et quand ça ne se calmerait point! La puissance de sentir n'est pas tout à fait ce qui effraie une femme.

D'ailleurs, il a une foi vive et le vrai sentiment de l'honneur. Vous êtes faits pour vous aimer, et vous serez heureux ensemble. Quand il pleurerait d'admiration devant la belle nature, ou même de tendresse pour vous, qu'est-ce que ça fait?

Laissons dire les positifs. J'ai vu de près le bonheur de raison et, entre nous, ça ressemble terriblement à une vie qui se soutient par des remèdes.

Je sais que le mot d'exaltation est vite prononcé par certaines gens. Angéline, êtes-vous comme moi? Il existe sur la terre un affreux petit bon sens horriblement raide, exécrablement étroit, que je ne puis rencontrer sans éprouver l'envie de faire quelque grosse folie. Non, que je haïsse le bon sens, ce serait un triste travers. De tous les hommes que je connais, votre père est le plus sensé, et je suis *suffisamment* charitable à son endroit. Le vrai bon sens n'exclut aucune grandeur. Régler et rapetisser sont deux choses bien différentes. Quelle est donc, je vous prie, cette prétendue sagesse qui n'admet que le terne et le tiède, et dont la main sèche et froide voudrait éteindre tout ce qui brille, tout ce qui brûle?

Ma belle fleur des champs, que vous êtes heureuse d'avoir peu vu le monde! Si c'était à refaire, je choisirais de ne le pas voir du tout, pour garder mes candeurs et mes ignorances. Voilà où j'en suis après deux ans de vie mondaine. Jugez de ce que dirait Mme D... si elle voulait parler.

J'ai eu des succès. Veuillez croire que je le dis sans trop de vanité. Vous savez qu'Eugénie de Guérin n'a jamais été recherchée. Il y a là matière à réflexions pour Mina Darville et son cercle d'admirateurs. Pauvres hommes! partout les mêmes.

Chère amie, M. de Montbrun me juge mal. Je ne demande qu'à me *démondaniser*. J'avais résolu d'arriver chez vous avec une simple valise, comme il convient à une âme élevée qui voyage.

Mais on sait rarement ce qu'on veut et jamais ce qu'on voudra : j'ai fini par prendre tous mes chiffons. Vraiment, je n'y comprends rien, et devant mes malles pleines et mes tiroirs vides, je me surprends à rêver.

Ma belle, il faudra que vous m'aidiez à passer quelques-unes de mes malles en contrebande. Je crains le sourire de M. de Montbrun. Au fond, quel mal y a-t-il à vouloir se bien mettre pourvu qu'on ait du goût.

Si Mlle de Montbrun est indifférente à la parure, c'est qu'en étudiant sa ressemblance, elle s'est aperçue qu'elle pouvait parfaitement s'en passer. Moi, je ne puis pas me donner ce luxe. Voilà, et dites à M. votre père que je n'aurai pas été une semaine à Valriant sans lui découvrir bien des défauts.

J'envisage sans effroi une petite causerie avec lui, quoiqu'il ait parfois des mots durs. Ainsi, l'hiver dernier, dans une heure d'épanchement, je lui avouai que j'étais bien malheureuse — que je n'avais pas le temps d'aimer quelqu'un qu'aussitôt j'en préférais un autre — et au lieu de me plaindre, cet austère confesseur m'appela *dangereuse coquette*.

N'importe, ma chère, je ne vous blâme pas de l'aimer, et même, il m'arrive de dire que c'est une belle chose d'être obligée à ce devoir.

Si vous m'en croyez, nous réfléchirons avant de faire abdiquer Mme Monique, M. de Montbrun vous croit la perle des ménagères, mais, *tel brille au second rang qui s'éclipse au premier*.

Pourtant, je hais l'usurpation. Je suis légitimiste. Dites à M. de Montbrun que nous allons aviser ensemble à donner un roi à la France.

Ma chère, je suis sûre que ma chambre me plaira. Seulement, je n'aime pas la nature riante. Il me faudrait une allée bordée de sapins, pour mes méditations. Quant à Maurice, je crois qu'il n'en a pas besoin, et sa pensée m'a l'air de s'en aller souvent *tout au bout d'un jardin, tout au bord d'un étang.*

Ne rougissez pas, ma très belle. Je vous embrasse comme je vous aime.

(Mina Darville à Emma S***)

Il s'en va minuit, et je viens de fermer ma fenêtre, où je suis restée longtemps. J'aime la douceur sereine des belles nuits, et je vous plains, ma chère amie, de vouloir vous cloîtrer.

Pardon, vous n'aimez pas que j'aborde se sujet. Il me semble pourtant que je n'en parle pas mal, mais...

Avez-vous jamais descendu le Saguenay?

Franchement, la vie religieuse m'apparaît comme cette étonnante rivière, qui coule paisible et profonde, entre deux murailles de granit. C'est grand, mais triste. Ma chère, l'inflexible uniformité, l'austère détachement ne sont pas pour moi.

Je me plais parfaitement à Valriant, charmant endroit, qui n'aurait rien de grandiose sans le fleuve qui s'y donne des airs d'océan. Faut-il vous dire que Maurice est heureux? Le secret n'en est plus un maintenant. Il est difficile, quoi qu'on fasse, de trouver beaucoup à redire à ce mariage; et vraiment c'est une belle chose que cet amour qui grandit ainsi au grand soleil, en toute paix et sécurité. Puis, autour d'eux, tout est si beau.

Sans doute, rien n'est plus intérieur que le bonheur. Mais tout de même, quand Dieu créa Adam et Ève, il ne les mit pas dans un champ désolé. Maurice s'accommoderait parfaitement d'un cachot, mais sceptique, vous ne croyez plus à rien. Vous dites qu'il en est de l'amour comme des revenants : qu'on en parle sur la foi des autres. Que n'êtes-vous à Valriant. Il vous faudrait reconnaître que l'amour existe — qu'il y a des réalités plus belles que le rêve.

Angéline ressemble plus que jamais à son père. Elle a ce charme pénétrant, ce je ne sais quoi d'indéfinissable que je n'ai vu qu'à lui et que j'appelle du *montbrunage*. Mais ce que j'aime surtout en elle, c'est sa sensibilité profonde, son admirable puissance d'aimer.

Vous savez comme j'incline à estimer les gens d'après ce qu'ils valent par là, et pourquoi pas? Mon poids, c'est mon amour, disait saint Augustin.

Si j'y connais quelque chose, la tendresse d'Angéline pour son père est sans bornes, mais elle l'aime sans phrase et ne l'embrasse que dans les coins.

Nous menons tous ensemble la vie la plus saine, la plus agréable du monde. Il y a ici un parfum salubre qui finira par me pénétrer.

Vraiment, je ne sais comment je pourrai reprendre la chaîne de mes mondanités. Vous rappelez-vous nos préparatifs pour le bal, alors que se bien mettre était la grande affaire, et que j'aurais tant souhaité avoir une fée pour marraine, comme Cendrillon? Sérieusement, il nous en aurait coûté moins de temps et d'argent pour tirer de misère quelques familles d'honnêtes gens. Je vous assure que je suis bien revenue des grands succès et des petits sentiments. Mais l'amour est une belle chose... Aimer c'est sortir de soi-même. Je vous avoue que je ne puis plus me supporter.

Bonsoir.

Mina.

P.S. — C'est la faute d'Angéline et de Maurice. On ne peut les voir ensemble sans extravaguer.

(La même à la même)

Vous rappelez-vous avec quelle sollicitude vous veilliez sur le pied de boules-de-neige qui ornait la cour des Ursulines. Je ne sais pourquoi ce souvenir me revenait tout à l'heure pendant que je me promenais dans le jardin. Je voudrais bien vous y voir. D'ordinaire, j'aime peu les jardins : j'y trouve je ne sais quoi qui me porte à chanter :

J'aime la marguerite
Qui fleurit dans les champs.

Mais celui-ci a un air de paradis. Vraiment, je voudrais y passer ma vie. Il y a là des réduits charmants, des berceaux de verdure pleins d'ombre, de fraîcheur, de parfums.

Jamais je n'ai vu tant de fleurs, fleurs au soleil, fleurs à l'ombre, fleurs partout. Et tout le charme du spontané, du naturel. Vous savez mon horreur pour l'aligné, le guindé, le symétrique.

Ici rien de cela, mais le plus gracieux pêle-mêle de gazons, de parterres et de bosquets. Un ruisseau aimable y gazouille et folâtre, et, par-ci par-là, des sentiers discrets s'enfoncent sous la feuillée. Mes beaux sentiers verts et sombres! L'herbe y est molle; l'ombre épaisse; les oiseaux y chantent, la vie s'y élance de partout.

C'est une délicieuse promenade, qui aboutit à un étang, le plus frais, le plus joli du monde.

Nous allons souvent y commencer la soirée, mais, hélas! les importuns se glissent partout. Il nous en vient parfois. Hier — je suis bien humiliée — nous eûmes à supporter un Québecquois beaucoup plus riche qu'aimable, qui s'est aventuré jusqu'ici. Le jardin lui arracha plusieurs gros compliments, et arrivé à l'étang : «Comme c'est joli, dit-il. Le bel endroit pour faire la sieste après son dîner!»

Maurice lui jeta un regard de mépris, et s'éloigna en fredonnant sa *marche hongroise*. J'expliquai à Angéline que son futur seigneur et maître est du *genus irritabile*, que la marche hongroise est un signe certain de colère; et qu'en entendant ces notes belliqueuses, elle devra toujours se montrer. Cela nous amusa, mais elle dit que se fâcher, s'impatienter, c'est dépenser inutilement quelque chose de sa force.

Plus je la vois, plus je la trouve bien élevée; elle m'appelle sa sœur, ce qui ravit Maurice. Pauvre Maurice. Sa voix est plus veloutée que jamais. Le doux parler ne nuit de rien.

41

La conversation d'Angéline ne ressemble pas à celle d'une femme du monde, mais elle est singulièrement agréable. Maurice dit qu'elle a le rayon, le parfum, la rosée. Le pauvre garçon est amoureux à faire envie et à faire pitié.

Angéline me fait mille questions charmantes sur son caractère, sur ses goûts, sur ses habitudes. Ses rêveries l'intéressent sans qu'elle sache trop pourquoi. Vous ne sauriez croire comme cette folle crainte qu'il a de mourir jésuite la divertit aussi bien que son horreur pour les demoiselles qui chantent : «Demande à la brise plaintive», ou autres bêtises langoureuses.

M. de Montbrun me traite de la manière la plus aimable, avec cet air un peu protecteur qui lui va si bien. On l'accuse de ne pas *remplir tout son mérite*. Mais comme je lui sais gré de n'avoir jamais été ministre! Il fait bon de voir ce descendant d'une race illustre cultiver la terre de ses mains. Dieu veuille que cet exemple ne soit pas perdu.

Ce soir, nous parlions ensemble de l'avenir du Canada; il était un peu triste et soucieux. Pour moi, je fis comme tout le monde : je tombai sur le gouvernement, qui fait si peu pour arrêter l'émigration, pour favoriser la colonisation. Mais ce beau zèle le laissa froid; et, jetant un regard un peu dédaigneux sur ma toilette, il me demanda si j'avais pensé à me refuser quelque chose pour aider les pauvres colons.

Ma chère Emma, je ne pouvais pas dire : «je l'ai fait», mais je lui dis : «je le ferai». Il sourit, et ce sourire, le plus fin que j'aie vu, me choqua. J'eus envie de pleurer. Me croit-il incapable d'un sentiment élevé? Je lui prouverai que je ne suis pas si frivole qu'il le pense. Vous le savez, une simple parole suffit parfois pour réveiller les sentiments endormis. Ah! si vouloir était pouvoir!

Tantôt appuyée sur ma fenêtre, je faisais des rêves comme le Père L... en ferait s'il avait le temps. Je donnais à tous l'élan patriotique. J'éteignais les lustres des bals, je supprimais l'extravagance des banquets, tout ce qui se dépense inutilement, je persuadais à chacun et à chacune de le donner pour la colonisation.

Puis je voyais les *déserts s'embellir de fécondité, les collines se revêtir d'allégresse, les germes se réjouir dans les entrailles de la terre,* et à côté de la lampe de l'humble église, la lampe du colon brillait. Ah! si chacun faisait ce qu'il peut! Un si grand nombre de Canadiens prendraient-ils la route de l'exil? Mais j'aime l'espérance. Nous sommes nés de la France et de l'Église. Confiance et bonsoir, chère amie.

Mina.

(La même à la même)

Décidément, mes rêves patriotiques vous sont suspects, et ce n'est pas sans malice que vous me conseillez de chercher la source de ce beau zèle. Ma chère, je n'ai pas l'esprit curieux. Chercher les sources, remonter aux principes, c'est l'affaire des explorateurs et des philosophes. Prétendez-vous me confondre avec ces gens-là? D'ailleurs, il ne faut jamais admettre le plus, quand le moins suffit à une explication. Ici le patriotisme suffit.

Vous rappelez-vous nos conversations de l'automne dernier, alors que vous commenciez à être un peu sage? quels progrès vous avez faits! J'aimerais reprendre ces causeries.

Angéline a toute mon amitié, toute ma confiance, mais elle m'est trop supérieure à certains égards. Aucune poussière n'a jamais touché cette radieuse fleur, et conséquement je m'observe toujours un peu; avec vous, je suis plus libre.

Malgré vos aspirations religieuses, je ne puis oublier que nous avons été compagnes de chimères, de lectures, de frivolités. Parfois, je vous envie votre désenchantement si prompt, si complet. Mais ces désirs s'évanouissent vite. Je m'obstine à espérer qu'un jour ou l'autre le bonheur passera sur cette pauvre terre que Dieu a faite si belle.

De ma fenêtre j'ai une admirable vue du fleuve. Vraiment, c'est l'océan. Je ne me lasse pas de le regarder.

J'aime la mer. Cette musique des flots jette un velours de mélancolie sur la tristesse de mes pensées, car, je vous l'avoue, j'ai des tristesses, et volontiers je dirais comme je ne sais plus quelle reine : «Fi de la vie». Pourtant je n'ai aucun sujet positif de chagrin, mais vous le savez, on cesse de s'aimer si personne ne nous aime.

Eh bien! je vois venir le jour où je me prendrai en horreur.

Vous n'ignorez pas comme j'ai désiré la réalisation du rêve de Maurice. Sans doute je savais que je passerais au second rang. Mais est-ce le second rang que je tiens? Y a-t-il comparaison possible entre son culte pour elle et son affection pour moi?

Il est vrai, qu'en revanche Angéline m'aime plus qu'autrefois; elle m'est la plus aimable, la plus tendre des sœurs; mais naturellement je viens bien après son fiancé et son père.

Quant à celui-ci *the last but not the least*, qu'est-ce que cet aimable intérêt qu'il me porte? Je l'admets, dans ce cœur viril le moindre sentiment a de la force. Mais encore une fois, qu'est-ce que cela? Si vous saviez comme il aime sa fille!

Pour moi, je ne suis nécessaire à personne. Ma chère Emma, j'éprouve ce qu'éprouverait un avare qui verrait les autres chargés d'or, et n'aurait que quelques pièces de monnaie.

Mina.

(La même à la même)

Vous dites, chère amie, que la seule chose triste, ce serait d'être aimée par-dessus tout. *Triste*, est-ce bien là le mot? Disons redoutable, si vous le voulez, mais soyez tranquille, je suis bien à l'abri de ce côté. Sans doute, il est plus doux, plus divin de donner que de recevoir. Mais le désintéressement absolu, où le trouve-t-on?

Je vous avoue que votre citation de Fénélon ne m'a pas plu*. Ce roi de Chine m'est resté sur le cœur. Quoi! c'est là que vous voulez arriver? Il viendra un temps où il vous sera parfaitement égal que je vous donne une pensée, un souvenir!

Je me suis plainte à M. de Montbrun, qui m'a répondu, non sans malice peut-être, que vous en aviez pour longtemps avant d'en être à *l'amour pur* et à la *mort mystique*.

Je vois qu'il trouve charmant que les rivalités mondaines n'aient pas refroidi notre amitié d'enfance. Il dit que nous avons du bon. Sur le papier, cela n'a pas l'air très flatteur, mais ce diable d'homme a le secret de rendre le moindre compliment extrêmement acceptable.

Je vous avoue que je ne m'habitue pas au charme de sa conversation. Pourtant, son esprit s'endort souvent, sa pensée a besoin du grand air, et jamais il ne cause si bien qu'à travers champs, mais n'importe. Même dans un salon bien clos, il garde toujours je ne sais quoi qui repose, rafraîchit, et fait qu'on l'écoute comme on marche sur la mousse, comme on écoute le ruisseau couler.

Il ne lui manque qu'un peu de ce charme troublant qui nous faisait extravaguer devant le portrait de Chateaubriand. Je dis *faisait*. Au fond, cette belle tête peignée par le vent, me plaît encore plus qu'on ne saurait dire. Mais décidément c'est trop René. Admirez ma sagesse. Je voudrais apprendre à comprendre, à pratiquer la vie, je voudrais oublier le beau ténébreux et ses immortelles tristesses. Pourtant, cet ennuyé est bien aimable. Convenez-en.

M. de Montbrun assure que vous allez retrouver votre gaieté derrière les grilles. Quoiqu'il vous ait peu vue, il ne vous a pas oubliée; vous lui plaisez, et comme on me fait plaisir en vous rendant justice, je ne lui ai pas laissé ignorer

---

* Si vous n'aviez pas d'amour-propre, vous ne désireriez pas plus voir vos amis attachés à vous que de les voir attachés au roi de Chine. Fénélon, *Lettres spirituelles*.

que vous le trouvez l'homme le plus séduisant que vous ayez vu.

La discrétion doit avoir des bornes; d'ailleurs avec lui c'est tout à fait sans inconvénients : il ne vous croira pas éprise de lui ou à la veille de l'être.

Nous parlons quelquefois de votre vocation. Il vous approuve de prendre le chemin le plus court pour aller au ciel. Mais je reste faible contre la pensée de cette demi-séparation.

Je crains que l'austérité religieuse ne nuise à notre intimité. Il y a une foule de riens féminins qu'il faut dire; l'amitié sans confiance, c'est une fleur sans parfum. Puis, parfois, il faut si peu de chose pour changer l'amitié en indifférence. Il me semble, qu'à certains moments, le cœur est beaucoup comme ces mers du nord qu'une pierre lancée, que le moindre choc va glacer de toutes parts, une fois l'été fini. Prenons garde.

Il est maintenant décidé que Maurice ira en France pour ses études. Comment pourra-t-il s'arracher d'ici? Je n'en sais rien, ni lui non plus.

Mais il faudrait toujours finir par partir, et M. de Montbrun ne veut pas qu'Angéline se marie avant d'avoir vingt ans. Pour moi, je passerai probablement ici la plus grande partie de l'absence de mon frère. Il le désire, et ma belle petite sœur m'en presse très fort.

Pauvres enfants! la pensée du départ les assombrit beaucoup, ce qui me rassure. Chose étrange, le bonheur fait peur. Il me semblait toujours qu'il allait arriver quelque chose. C'est bien singulier, mais Angéline m'inspire souvent une pitié qui ne peut se dire. Je la trouve trop belle, trop charmante, trop heureuse, trop aimée.

Vous comprenez qu'ici nous sommes bien loin de *l'illusion des amitiés de la terre, qui s'en vont avec les années et les intérêts.* Vraiment, j'ai beau regarder, je ne vois point le *grain noir*, comme disent les marins. Le bonheur serait-il de ce monde? Il est vrai que son père ne cherche pas du tout à lui épargner les petites contrariétés de chaque jour. Il l'assujettit fort bien à son devoir. Mais qu'est-ce que cela? Rien qu'à la regarder, on voit qu'elle ne connaît pas le terne, ou, comme nous disons, le gris de la vie.

Mina.

(Mina Darville à Emma S***)

Je suis de la plus belle humeur du monde, et je veux vous dire pourquoi. D'abord, sachez que Mme H... est à Valriant. Oui, ma chère, elle ne peut supporter le séjour des campagnes à la mode (sic). Il lui faut le calme, le repos, etc. C'est parfaitement touchant, mais j'incline à croire que cette veuve inconsolable ferait très volontiers «sa principale affaire des doux soins d'aimer et de plaire».

Toujours est-il qu'elle a fait comme celui qui alla à la montagne parce que la montagne ne venait pas à lui. Du reste, toujours brillante; seulement le voisinage d'Angéline ne lui est pas avantageux. Elle a un peu l'air d'un dahlia à côté d'une rose qui s'entrouve.

Mais elle manœuvrait de son mieux. Il fallait voir avec quel enthousiasme elle parlait d'Angéline! Avec quelle grâce modeste elle reprochait à M. de Montbrun de ressembler autant à la plus charmante des Canadiennes. C'était une étude piquante. Mais sous les grâces étudiées, j'ai cru voir une passion sincère. Ce qui est sûr, c'est qu'elle me hait cordialement. Je suis sa *bête noire*. Il est vrai qu'ostensiblement, on me fait la plus belle patte de velours possible, mais j'ai senti bien souvent les griffes.

Quels compliments perfides! comme cette femme serait dangereuse si elle avait de la mesure! et quelle pauvre personne elle voudrait faire de moi sous le beau prétexte de relever mes succès.

Oui, ma chère, je suis une grande criminelle, et j'ai déjà fait couler bien des larmes. On en connaît dont le cœur est en cendres. Je suis cause que de jeunes talents négligent l'étude et s'étiolent tristement. Aussi M. de Montbrun m'a dit :

«Mademoiselle, je commence à croire que je rends un grand service à mon pays en vous gardant à Valriant à mes risques et périls».

Cela nous fit rire. Madame H... qui sait tant de choses, ne sait pas qu'en prouvant trop on ne prouve rien. Mais je suis bien vengée. Madame s'en ira *traînant l'aile et tirant le pied.*

Je ne parle pas au figuré. Elle s'est donné une entorse en glissant d'un rocher où elle s'était aventurée malgré mes sages remontrances. Heureusement qu'elle a eu plus de peur que de mal.

Mais si vous aviez vu son convoi! M. de Montbrun et Maurice portaient le brancard, Angéline portait l'ombrelle de madame. Pour moi, j'étais comme l'officier de Malbrouck : celui qui ne portait rien.

Il faut croire que je n'ai pas un très bon cœur, car j'avais une folle envie de rire. Au fond, je ne me le reproche pas beaucoup. Comme le dit le cocher de M. de Montbrun : «La grosse dame n'avait pas d'affaire à se hisser sur les crans, elle avait beau à se promener dans le chemin du roi.»

Nous sommes allés en corps lui faire visite. M. de Montbrun n'avait pas l'air plus ému qu'il fallait, et moi, j'avais une figure qui ne valait rien. Depuis nous avons perdu M. W... C'est un étranger qui aime beaucoup la pêche, et croit fermement que tout ce qui est grand, noble, distingué, vient en droiture de l'Angleterre.

D'ailleurs très comme il faut. Depuis une quinzaine il nous honorait de ses assiduités.

Angéline soutient qu'elle l'a vu rire. Il est certain qu'il s'essayait parfois à badiner, et si vous saviez comme sa phrase est plombée! «Mais disait M. de Montbrun, le bon Dieu me fait la grâce de ne pas toujours l'entendre.» Ce qui ne l'a pas empêché de donner le signal des réjouissances aussitôt que sa seigneurie eut définitivement tourné les talons. Pourtant sa solennité nous amusait parfois.

Bonsoir, ma chère.

Mina.

Madame H... va mieux, ou plutôt elle n'a plus qu'à se tenir tranquille, et le repos, n'est-ce pas ce qu'elle voulait? Pour le moment je m'en accommoderais parfaitement. Vous savez que je n'écris guère que sur le tard, et ce soir, je m'endors comme si j'avais écouté un discours sur le tarif ou causé avec M. W...

C'est bien dur de rester devant mon encrier quand mon lit est là si près. Que n'êtes-vous ici? nous causerions en regardant les étoiles. Elles sont bien belles : je viens de les regarder pour me rafraîchir.

Quand j'étais enfant, le firmament m'intéressait beaucoup, et je voulais absolument qu'il y eût des trous dans le plancher du ciel, par où on voyait la lumière de Dieu.

Malgré tout, il me reste encore quelque chose de cette attraction céleste, car au sortir des bals je pense toujours à regarder les étoiles. Je ne veux pas dire que ces belles soirées soient le plus efficace *sursum corda*. Pourtant je me rappelle qu'une nuit, comme je revenais d'un bal, la cloche des Ursulines sonna le lever des religieuses. Jamais, non, jamais le glas funèbre n'a pénétré si avant dans mon cœur. Oh, que cette cloche prêchait bien dans le silence profond de la nuit!

Rendue dans ma chambre, je jetai là mes fourrures, et restai longtemps devant mon miroir, comme j'étais — en grande parure — et je vous assure que mes pensées n'étaient pas à la vanité. Puis, quand je fus parvenue à m'endormir, je fis un rêve dont je n'ai jamais parlé, mais qui m'a laissé une impression ineffaçable.

Il me sembla que j'étais dans la petite cour intérieure des Ursulines, quand tout à coup la fenêtre d'une cellule s'ouvrit, et je vis paraître une religieuse. Je ne sais comment, mais du premier coup d'œil, sous le bandeau blanc et le voile noir, je reconnus cette brillante mondaine d'il y a deux cents ans, Madeleine de Repentigny.

Elle me regardait avec une tendre pitié, et de la main m'indiquait la petite porte du monastère; mais je ne pouvais avancer : une force terrible me retenait à la terre. Elle s'en aperçut, et appuya son front lumineux sur ses mains jointes, alors je sentis qu'on me détachait, mais quelle douleur j'éprouvais dans tout mon être!

Je m'éveillai, plus émue, plus impressionnée qu'il ne m'est possible de dire. Ordinairement, j'éloigne ce souvenir, mais ce jour-là je sentis dans toute sa force la vérité de cette parole de l'Imitation : La joie du soir fait trouver amer le réveil du lendemain.

Bonsoir, ma chère amie.

Mina.

(Mina Darville à Emma S***)

Vous prenez mon rêve bien au sérieux. Il s'explique suffisamment par mes émotions de la nuit, par les pensées qui m'occupaient quand je m'endormis.

Pourtant, il m'en est resté une sorte de tendresse pour cette aimable Madeleine de Repentigny. Il est vrai que j'avais toujours eu un faible pour cette belle mondaine. Son souvenir me revenait souvent quand j'allais à la chapelle des Saints.

J'aimais cette petite lampe qui y brûle jour et nuit, en témoignage perpétuel de sa reconnaissance; j'avais même demandé qu'on m'en laissât le soin. Mais passons, et Dieu veuille me laisser toujours les saines jouissances de la vie.

Ici je m'éveille aux rayons du soleil qui dorent ma fenêtre, aux chants des oiseaux qui habitent le jardin, mais je ne me lève de bonne heure que de loin en loin.

Pourtant, j'aime le matin tout frais, tout humide de rosée; mais l'autre, comme disait X. de Maistre, s'accomode si bien d'un bon lit.

Je crains beaucoup de n'être jamais tout à fait comme la femme forte, ni comme Angéline, que Maurice appelle l'Étoile du matin. Il paraît qu'il est toujours le premier debout. Mais le beau mérite, quand on est amoureux, d'aller faire des bouquets dans le plus beau jardin du monde et d'attendre!

Pauvre Maurice! Je suis joliment sûre que tous les oiseaux du ciel chanteraient autour de lui sans l'empêcher de distinguer le petit bruit qu'une certaine fenêtre fait en s'ouvrant. Mais je suis en frais de compromettre l'oreille de la famille.

Figurez-vous que moi, qui aime tant les oiseaux, je ne les reconnais pas toujours à la voix; cela choque Angéline. «Quoi, dit-elle, une musicienne, une Darville, prendre le chant d'une linotte pour le chant d'une fauvette!» Ce n'est pas elle qui commettra pareille erreur.

«Et pourtant, dit-elle, dans ma famille on n'a jamais su que croquer des notes.»

Cela ne l'empêche pas d'aimer la musique et de la sentir à la façon des anges. Elle dit que, selon saint François d'Assise, la musique sera l'un des plaisirs du ciel, et cette pensée me plaît beaucoup. Au fond, je crois que nous avons tous quelque crainte de nous ennuyer durant l'éternité.

C'est aujourd'hui la Saint-Louis. Nous ne l'avons pas oublié. Pauvre France! Angéline dit, comme Eugénie de Guérin, qu'elle *filerait volontiers la corde pour pendre la République et les républicains*. Pour ma part je n'y verrais pas grand mal, mais je demande grâce pour Victor Hugo, qui a chanté le *lis sorti du tombeau*. Angéline est plus royaliste que moi; elle me trouve tiède, et Maurice n'ose dire qu'il est bonapartiste.

Laissons les gouvernements passés et futurs. Chère amie, la mer est une grande séductrice. Ici, qu'elle est belle et terrible! qu'elle est douce aussi! Alors, comme elle berce mollement les barges des pauvres pêcheurs. C'est un charme. Et cette magique phosphorescence des flots...

M. de Montbrun a une barge qui s'appelle *La Mouette*, et si jolie, si gracieuse!

Angéline raffole des promenades sur l'eau.

Vous pensez si Maurice souffrait de n'y point jouer un rôle actif. Il s'est mis aussitôt à l'école des pêcheurs et

*(Mina Darville à Emma S***)*

Ma chère Emma, je m'en vais vous conter une petite chose qui m'a laissé un aimable souvenir.

Ces jours derniers, un jeune cultivateur des environs vint demander un bouquet à Mlle de Montbrun pour sa fiancée. Il devait se marier le lendemain. Aussi nous fîmes de notre mieux, et le bouquet se trouva digne d'une reine.

Le brave garçon le regardait avec ravissement et n'osait presque y toucher. Son amour est célèbre par ici, et comme les femmes s'intéressent toujours un peu à ces choses-là, nous le fîmes causer.

Ah, ma chère, celui-là n'est pas un blasé, ni un rêveur non plus, je dois le dire — car il est le plus rude travailleur de l'endroit — aussi sous sa naïve parole on sent le plein, comme sous la parole de bien d'autres on sent le creux, le vide.

Angéline l'écoutait avec une curiosité émue et sincère; moi je le faisais parler, et finalement, nous restâmes charmées.

Angéline décida qu'il fallait faire une petite surprise à ces amoureux, et le jour des noces, nous fûmes leur porter un joli petit réveillon.

Les mariés n'étaient pas encore arrivés. Je vous avoue que leur maisonnette proprette et close m'intéressa.

Nous avons tout examiné : les moissons qui mûrissent, les arbres fruitiers encore petits, le jardinet qui fleurira. Tout près de la porte, deux vieux peupliers ombragent une source charmante.

Angéline dit que les belles sources et les vieux arbres portent bonheur aux maisons. Celle-ci n'a, à bien dire, que les quatre pans, mais on y sentait ce qui remplace tout. La nappe fut bientôt mise, et le réveillon sorti du panier.

C'était plaisir de voir Angéline s'occuper de ces soins de ménage, dans cette pauvre maison. Elle regardait partout, avec ces beaux yeux grands ouverts que vous connaissez, et me fit remarquer le bois et l'écorce soigneusement disposés dans l'âtre, n'attendant qu'une étincelle pour prendre feu. Je vous avoue que ce petit détail me fit rêver.

Nous sommes revenus en philosophant. Angéline voulait savoir pourquoi dans le monde on attache du mépris à une vie pauvre, simple et frugale. Si vous l'entendiez parler des anciens Romains!

Quant à moi, j'aime ces grands noms sur les lèvres roses; je vois toujours avec respect la pauvre maison d'un colon et pourtant... Aurais-je donc moi, de cette vieille dévotion que vous appelez le culte du veau d'or? Je ne le crois pas, mais certains côtés du faste m'éblouissent toujours un peu.

Pour se soustraire tout à fait à l'esprit du monde, il faut une âme très forte et très noble. Or, les âmes fortes sont rares, et les âmes nobles aussi.

Je vous embrasse.

Mina.

*(Mina Darville à Emma S***)*

Vous avez raison. Les mignardises de la vie confortable aident beaucoup à former les caractères faibles et ternes — les types bourgeois comme dirait M. de Montbrun. Pauvres bourgeois! J'en aurais long à dire sur le convenu, le flasque, le cotonneux.

M. de Montbrun dit qu'il y a un certain bien-être tout matériel qui lui donne toujours l'envie de vivre au pain et à l'eau. Croyez-moi, ce ne serait pas une raison pour refuser de dîner avec lui.

Ma chère, je tourne visiblement à l'austérité, et je finirai par dire comme Salomon : «Mon Dieu, donnez-moi seulement ce qui est nécessaire pour vivre».

En attendant, il pleut à verse. Jamais je n'ai vu tomber tant d'eau. Qui donc a dit que la campagne, par la pluie, ressemble à une belle femme qui pleure?

Je ne vois pas du tout cela, mais si c'est vrai, je conseille aux belles femmes de ne pas pleurer. La pluie m'ennuie parfaitement.

Mais un bon feu console de bien des choses, et je ne pense pas du tout à m'aller noyer. Rien ne me dispose à causer comme une belle flambée, dans une vaste cheminée.

On partage assez mon goût et l'on ne paraît pas du tout s'ennuyer. Tout de même on trouve que j'aime terriblement les *grandes flammes*.

Nous lisons souvent, et c'est moi qui choisis les lectures. Vous le savez, j'ai un trait de ressemblance avec la mère de Mme de Grignan : je raffole des grands coups d'épée. Mais je crois qu'on commence à en être un peu fatigué.

> *«Si Peau-d'Âne m'était conté,*
> *J'y prendrais un plaisir extrême.»*

m'a soufflé l'autre soir, le plus aimable des hôtes.

Je ne me le suis pas fait dire deux fois. Tous les contes favoris de notre enfance y passèrent, et cette folle soirée fut la plus agréable du monde.

M. de Montbrun prétend que les succès de Cendrillon ont dû me faire rêver de bonne heure; mais Maurice est là pour dire que j'ai toujours préféré les contes, où il y a des ogres et des petites lumières.

Ce soir, Maurice nous a lu le *Vol de l'Âme*. Je me rappelle vous avoir entendu dire, que vous ne sauriez voir un beau matin d'automne, sans penser un peu à cette aimable Claire, à ce noble Fabien.

Angéline ne s'explique guère ces amoureux-là. Tout à l'heure je la regardais avec Maurice, et je pensais à bien des choses qui m'occupent peu d'ordinaire.

Malgré tout, à certains moments on sent que le sacrifice vaut mieux que toutes les joies. Et d'ailleurs autour de nous tant de choses nous prêchent.

Il y a déjà des feuilles sèches dans ce délicieux jardin de Valriant. Dites-moi, vous figurez-vous une feuille morte dans le paradis terrestre?

Bonsoir, chère amie.

Mina.

(Emma S*** à Mina Darville)

Ma chère Mina,

Non, sans doute, il n'y aurait jamais eu de feuilles sèches dans le paradis terrestre. Cela eût trop juré avec l'immortelle beauté, avec l'éternelle jeunesse. Je vous avoue que je me serais fort accommodée de ces choses-là.

Je regrette beaucoup ce beau paradis, ce jardin de volupté où l'on n'aurait jamais vu de boue; la boue vient en droiture du péché. Mais toujours, chère amie, le vrai ciel nous reste.

Puisqu'il dépend de nous d'y aller, pourquoi seriez-vous triste? Je vous en prie, éloignez la mélancolie. Cette friande vit de ce qu'il y a de plus exquis dans l'âme, et nous laisse toujours un peu faibles. Je l'entends de la mélancolie poétique et séduisante, non de la tristesse grave et chrétienne. Celle-ci, je vous la souhaite, car elle se change toujours en joie, et d'ailleurs, qui peut s'en défendre toujours, de cette divine tristesse?

Ma chère Mina, voici mon dernier automne dans le monde, et vous ne sauriez croire quel charme touchant cette pensée répand sur tout ce que je vois. C'est comme si j'allais mourir.

Jamais la nature ne m'a paru si belle. Je me promène beaucoup seule, avec mes pensées, et je ne sais quelle sérénité douce, qui ne me quitte plus. Déjà on sent l'automne. Mais dans notre état présent, je crois qu'il vaut mieux marcher sur les feuilles sèches que sur l'herbe fraîche.

En attendant qu'il en neige, j'ai ici un endroit qui fait mes délices. C'est tout simplement un enfoncement au bord de la mer; mais d'énormes rochers le surplombent et semblent toujours prêts à s'écrouler, ce qui m'inspire une crainte folle mêlée de charme.

Malgré la distance et le sentier âpre, caillouteux, j'y vais souvent. J'aime cette solitude parfaite et sauvage, où l'on n'entend que le cri des goélands et le bruit de la mer. Là, pas un arbustre, pas une plante : seulement quelques mousses entre les fentes des rochers, et, par-ci par là, quelques plumes.

Il me semble que cet endroit vous plairait parfaitement, surtout quand le soleil laisse tomber sur les vagues, ces belles traînées de feu que vous aimez tant.

Ce soir, les plus beaux nuages que j'aie vus s'y miraient dans l'eau. Cela faisait à la mer un fond chatoyant, merveilleux, et j'ai pensé à bien des choses.

Je n'ai pas oubliée comme la vie apparaît alors que... mais passons.

Chère Mina, quoi qu'il nous en semble à certains moments, c'est le froid, c'est l'aride, c'est le terne qui fait le fond de la mer, et ce n'est pas l'amour qui fait le fond de la vie.

Voilà qui est très sage, mais je suppose que la sagesse de la femme est, comme celle de l'homme, *toujours courte par quelque endroit*.

Cette grande clarté du désabusement ne vous atteint pas, ne va pas jusqu'à Valriant.

Je pense souvent à vos aimables *promis* (passez-moi une expression bretonne), et j'espère que vous verrez *l'humiliation du superbe*.

Sans flatterie, je m'étonne qu'il tienne si longtemps. Chère Mina, vous m'avez donné bien des soucis. Vous voulez vous marier, et, sous des dehors un peu frivoles, vous cachez tout ce qu'il faut pour n'aimer jamais qu'un homme qui ait du caractère, de la dignité, de la délicatesse, et — j'en demande pardon à ces messieurs — tout cela me semble bien rare.

Mais lui a la virilité chrétienne et le charme, ce qui ne gâte rien.

Courage, ma chère. On vous trouve bien un peu frivole, mais on finira par s'avancer, et cette fois-là, j'espère que vous mettrez vos coquetteries de côté, pour dire tout franchement comme la Belle au Bois dormant : «Certes, mon prince, vous vous êtes bien fait attendre».

Emma.

(Mina Darville à Emma S***)

Je vous promets de dire exactement comme la Belle au Bois dormant.

En attendant, je suis aussi agréable que possible avec lui; mais la jolie petite madame S... n'avait pas tort lorsqu'elle affirmait qu'il porte une armure enchantée. Du moins tous les traits nous reviennent comme dans les légendes, et lui n'a pas l'air de s'en porter plus mal.

Toute modestie à part, je n'y comprends rien, d'autant plus que je suis sûre de lui plaire. Maintenant, je ne rencontre guère son regard sans y voir luire une flamme, un éclair, et, d'après moi, cela voudrait dire quelque chose.

Cette nature ardente et contenue est bien agréable à étudier. Mais qu'est-ce qui le retient? Ce ne peut être la différence d'âge : il y a de bons miroirs ici.

Je suppose qu'on s'en veut de cette faiblesse involontaire. Puis, on ne me trouve pas une âme de premier ordre, peut-être aussi croit-on, que je ne saurais m'accommoder d'une vie sérieuse, retirée.

Le fait est que je me soucie des plaisirs du monde comme des modes de l'an passé. Pour un rien, je lui proposerais d'aller vivre sur les côtes du Labrador. Nous nous promènerions sur la mousse blanche à travers les brouillards, comme les héros d'Ossian.

Ah! ma chère, j'ai bien des tentations journalières, et je me surprends à faire des oraisons jaculatoires, du genre de celles de Maurice, quand il s'interrompait à tout instant pour dire : «Quelle est belle! Seigneur, je veux qu'elle m'aime!»

Pauvre Maurice! Voilà son départ bien proche. Je m'en vais retourner avec lui à Québec, où je compte vous retrouver, et ne pas vous laisser plus que votre ombre jusqu'à votre entrée au couvent.

Quand je pense qu'ensuite vous ne viendrez plus jamais chez nous, dans ma chambre où nous étions si bien. Il me semble que le noviciat vous paraîtra sombre, malgré ce beau tableau de saint Louis de Gonzague que je vois ici. Ce visage céleste penché sur le crucifix, m'a laissé une des ces impressions que rien n'efface.

Parfois, je pense que ceux-là sont heureux qui sont vraiment à Dieu; ils ne craignent ni de vieillir ni de mourir.

Autour de nous, les feuilles jaunissent à vue d'œil. Vous savez que je ne puis voir une feuille fanée sans penser à mille choses tristes. Je l'avoue, ces pauvres feuilles ont déjà bien fait parler d'elles. Mais n'importe, j'aimerai toujours la vieille feuille d'Arnauld qui dit si bien : «Je vais où va toute chose».

Ce sont les premiers vers que j'aie sus, et c'est mon père mourant qui me les a appris. Voilà pourquoi sans doute ils gardent pour moi un charme si touchant, si funèbre.

M. de Montbrun me parle souvent de mon père; mieux que personne il me le fait connaître.

Vous ai-je dit que je passerai l'hiver à Valriant? Vous comprenez que je ne fais pas un grand sacrifice. Maurice parti, je trouverais la maison grande : il est toute ma famille, mais ici j'en ai une autre.

C'est plaisir de voir briller l'anneau des fiançailles sur la belle main d'Angéline. Cet anneau est celui de ma mère. Avant de mourir, elle-même le donna à Maurice, pour celle qui serait la compagne de sa vie. Je me demande parfois si elle eût pu jamais la souhaiter aussi virginale, aussi charmante.

Vous dites que je vous ai donné bien des soucis. Ma chère, j'en ai eu aussi beaucoup. Je crois, comme Madame de Staël, qu'une femme, qui meurt sans avoir aimé, a manqué la vie, et, d'autre part, je sentais que je n'aimerais jamais qu'un homme digne de l'être.

Il est vrai que plusieurs aimables «pas grand chose» m'ont voulu persuader qu'il ne tenait qu'à moi de les rendre parfaits, ou peu s'en faut. Mais je trouve triste pour une femme de faire l'éducation de son mari.

J'aime mieux me marier avec un homme accompli. Pourtant, je l'avoue, quelqu'un, qui ne l'était pas, m'a beaucoup intéressée. Je connaissais sa jeunesse orageuse, mais sa mélancolie me touchait. Je pensais à saint Augustin loin de Dieu, à ses glorieuse tristesses. «Chère belle âme tourmentée!» me disais-je souvent. Plus tard, je sus... passons.

Il paraît que Mlles V... s'épuisent encore à dire que je suis foncièrement impertinente, que je traiterai mon mari comme un *nègre*. Le pauvre homme! N'en avez-vous pas pitié?

Pour moi, j'ai bien envie d'aller regarder quelqu'un qui se promène sur la galerie. Ce pas si régulier, si ferme, me rend toujours un peu nerveuse. Ma chère, *It can't be helped*, je le crains.

Et faut-il dire que celui-là serait un maître? Mais n'importe. J'aime mieux lui obéir que de commander aux autres. Voilà — et je lui suis reconnaissante de vouloir m'arracher à ces puérilités, à ces futilités, que les hommes d'ordinaire font noblement semblant de nous abandonner, tout en s'en réservant une si belle part.

À bientôt!

Mina.

(Maurice Darville à Angéline de Montbrun)

Mon amie,
Je suis encore tout souffrant, tout brisé, de cet effort terrible qu'il m'a fallu pour m'arracher d'auprès de vous. Une fois dans la voiture j'éclatai en sanglots, et maintenant encore, par moment, je suis faible comme un enfant.

Pourtant j'essaie de vivre sans vous voir. Mais vous oublier un instant, je n'en suis pas plus maître que d'empêcher mon cœur de battre ou mon sang de circuler. Ah! si je pouvais vous dire l'excès de ma misère. Tout me fait mal, tout m'est insupportable. Angéline, voici l'instant du départ. Je m'en vais mettre l'océan entre nous. Que Dieu ait pitié de moi! et qu'il vous garde et vous bénisse, ma fiancée chère et sacrée, mon immortelle bien-aimée.

Embrassez votre père pour moi. Ô ma vie! ô ma beauté! je donnerais mon sang pour savoir que vous me pleurez.

Maurice.

(Angéline de Montbrun à Maurice Darville)

Après votre départ, je fus obligée de me tenir renfermée, et je vous laisse à deviner pourquoi. Si vous saviez comme c'est triste de ne plus vous voir nulle part, de ne plus entendre jamais votre belle voix. Je renonce à vous le dire, et n'ose penser à cette immense distance qui nous sépare.

Comme vous devez souffrir de vous en aller parmi des indifférents, des inconnus. J'y songe sans cesse et vous trouve bien plus à plaindre que moi. Mon père sait me donner du courage. Il me parle si bien de vous... avec une estime qui me rend si fière. Mon noble Maurice, vous méritez d'être son fils; c'est avec vous que je veux passer ma vie. Dites-moi, pensez-vous quelquefois au retour?

Moi, je vous attends déjà, et souvent, je me surprends disposant tout pour votre arrivée. Ce jour-là, il me faudra un ciel éclatant, un azur, un soleil, une lumière, comme vous les aimez. Je veux que Valriant vous apparaisse en beauté.

En attendant, il faut s'ennuyer. Souvent, je prends cette guitare qui résonnait si merveilleusement sous vos doigts. J'essaie de lui faire redire quelques-uns de vos accords. Je les ai si bien dans l'oreille; mais la magie du souvenir n'y suffit pas.

Les gelées ont déjà bien ravagé le jardin. Cette belle verdure qui vous avez tant regardée, tant admirée, d'un jour à l'autre, je la vois se flétrir. Je vais la voir disparaître et cela m'attriste. C'est la première fois que l'automne me fait cette impression.

On dirait, Maurice, que vous m'avez laissé votre mélancolie. J'ai des pitiés, des sympathies pour tout ce qui se décolore, pour tout ce qui se fane.

Vous m'appelez *votre immortelle bien-aimée*; Maurice, la belle parole! qu'elle m'a été à l'âme et qu'elle m'est délicieuse.

Et pourtant, on dit qu'il n'y a point d'amour éternel, que le rêve de l'amour sans fin, toujours poursuivi, l'a toujours été en vain sur la terre. Quand ce que j'ai lu là-dessus me revient, et me fait penser, je relis votre lettre et je goûte au fond de mon cœur cette parole céleste : *Mon immortelle bien-aimée.*

Vous ai-je dit de mettre dans votre chambre l'image de la Vierge que je vous ai donnée? N'y manquez pas. Bien souvent, je lui demande de vous avoir en sa garde très douce et très sûre. Priez-la aussi pour moi, et je vous en conjure, aimez-moi en Dieu et pour Dieu afin que votre cœur ne se refroidisse jamais.

Vôtre pour la vie et par delà.

Angéline.

(Maurice Darville à Angéline de Montbrun)

Mon amour, ma beauté, mon cœur, ma vie,
Si je comprends, vous voulez que je vous aime par charité. Je vous avoue que j'en serais fort empêché. Mais je suis très reconnaissant à Dieu, qui vous a faite telle que vous êtes. Est-ce que cela ne suffit pas, grande songeuse?

Ma chère conscience, n'essayez pas de me troubler. Je sais tout ce qu'on a dit sur la vanité des tendresses humaines, seulement cela ne nous regarde pas.

Angéline, je ne veux point que vous pensiez à ces choses, et dès que j'en aurai le droit, je *vous le défendrai.* Ce sera le premier usage de mon autorité.

En attendant, je vous obéis *con amore*, et j'ai placé l'image de la Vierge dans ma chambre. Ç'a été mon premier soin. Faut-il ajouter qu'au dessous j'ai mis votre portrait (celui volé à Mina).

J'y fais brûler une lampe, la plus jolie du monde.

D'abord, c'est une prière incessante, et ensuite cette douce lumière répand sur votre portrait, je ne sais quoi de céleste qui me soutient, qui m'apaise.

Ma chère et bien-aimée, j'ai fort à faire pour ne pas lire votre lettre continuellement. Vous demandez si je pense au retour. Si j'y pense! Mais voilà ce qui m'empêche de mourir d'ennui.

Dites-moi, est-ce bien vrai que vous avez consenti à partager ma vie? Souvent, «je ferme les yeux pour mieux voir l'espérance».

Ah! j'ai aussi d'enivrants souvenirs. Le bonheur m'a touché; j'ai versé de ces larmes dont une seule consolerait de tout. Non, je n'ai pas le droit de me plaindre, et pourtant je souffre cruellement.

Ce besoin de vous voir, qui est au plus profond de mon cœur, devient souvent une souffrance aiguë, intolérable, ou plutôt, loin de vous, je ne vis pas. Il me semble que je ne suis plus le même homme. Cette vive jeunesse, cette plénitude de vie, je ne les retrouve plus. Dites-moi, sentiez-vous quelque chose de l'épanouissement qui se faisait dans mon âme quand je vous apercevais?

Que vous êtes bonne de me regretter, de m'attendre! Mais ne vous déplaise, il est bien inutile que la nature se mette en frais pour mon arrivée. Je n'en verrais pas grand chose. Que les cataractes du ciel s'ouvrent, que les vents rugissent, tout m'est égal, pourvu que je ne sois pas retardé, pourvu que j'arrive.

J'ai écrit à votre père. Jamais je ne pourrai assez le remercier, assez l'aimer et pourtant qu'il m'est cher!

Je vous envoie un brin de réséda arraché à la terre de France. Pauvre France! Ne sommes-nous pas un peu fous de tant l'aimer. Ce bateau qui m'a transporté à Calais me semblait aller bien lentement. Debout, sur le pont, je regardais avec une curiosité ardente, pleine de joie, et lorsque j'aperçus la terre, la *terre de France*, je vous avoue que tout mon sang frémit.

J'avais les yeux bien obscurcis, mais n'importe, je la

reconnaissais, la France de nos ancêtres, la belle, la noble, la généreuse France.

Ah! chère amie, la France, notre France idéale, qu'en a-t-on fait? Mais, silence! Il me semble que je vais insulter ma mère.

Prions Dieu que les *Canadiens soient fidèles à eux-mêmes*, comme Garneau le souhaitait.

Je m'assure que la Vierge Marie vous écoute quand vous lui parlez de moi.

Moi aussi je vous remets en sa garde. Qu'elle vous bénisse, qu'elle me rende digne de vous.

Je vous aime.

Maurice.

(Mina Darville à son frère)

Je suis à Valriant, mon cher Maurice, et reçue comme si j'apportais le printemps dans mes fourrures. Naturellement il m'a fallu tout voir et causer à fond : c'est ce qui m'a retardée quelque peu, moi le modèle des correspondantes.

Mon ami, crois-moi, je ne te fais pas un sacrifice en venant passer l'hiver avec Angéline. Après ton départ, la maison n'était plus habitable.

D'ailleurs, je suis fatiguée de la vie mondaine, c'est-à-dire de la vie réduite en poussière. Tu t'imagines si l'on m'en a fait de ces représentations. *«La reine des belles nuits s'ensevelir à la campagne! l'étoile du soir s'éclipser, disparaître!»*

Un des mes admirateurs m'a envoyé un sonnet. J'y suis comparée à une souveraine qui abdique, à un jeune astre qui se cache, fatigué de briller, et pour tout dire, il y a un vers de treize pieds.

Mais, si je continuais à te parler de moi, ne me trouverais-tu pas bien aimable? Ne crains rien, je suis bonne fille, et Angéline est toujours la reine des roses; mais elle a souvent une brume sur le front, et c'est ta faute. Mon cher, tu es bien coupable. Pourquoi t'en être fait aimer?

Si tu voyais comme elle regarde ta place vide à table! Je crois qu'elle te ferait encore volontiers une tasse de thé. Sérieusement, es-tu bien sûr d'être si à plaindre? Je la regardais tout à l'heure en causant avec elle au coin du feu. La flamme du foyer l'éclairait tout entière et faisait briller son anneau de fiancée. Encore une fois, tu n'est pas aussi malheureux qu'il te semble. Où est l'homme qui n'accepterait *ton infortune* avec transport? Un an est vite passé. Le temps a l'aile légère. Non, l'absence n'est pas le plus grand des maux, surtout lorsqu'on n'a à craindre ni refroidissement ni inconstance.

Maurice tu veux donc absolument savoir jusqu'à quel point elle t'aime, et c'est moi qui dois étudier ce cœur si vrai. La besogne n'est point sans charmes.

C'est comme si j'allais jeter la sonde dans une source vive, ombragée, profonde, dont les eaux limpides refléteraient le ciel en dépit du feuillage. Nos conversations sont charmantes. Le trop plein de son cœur s'y épanche sans s'épuiser jamais. Ta fine oreille serait bien charmée. Apprends qu'elle fait flairer ton chapeau de paille à Nox pour qu'il ne t'oublie pas. Tantôt je l'entendais lui dire : «Nox, t'ennuies-tu? as-tu hâte qu'il revienne?... L'aimes-tu? Prends garde Nox. Il faut l'aimer. Il sera ton maître. Sais-tu ça?»

Nox écoute tout et répond par de grands coups de queue sur le plancher.

Hélas! Valriant ne mérite plus son nom. C'est une pitié de voir le jardin; mais le foin d'odeur parfume encore les alentours de l'étang. J'y suis allée avec Angéline. Mon cher, le noyer sous lequel tu as fait ta déclaration est dépouillé comme les autres. Ces vents d'automne ne respectent rien.

Sais-tu qu'on m'a prédit que j'allais mourir d'ennui avant la fin de l'hiver? Mais j'en doute un peu. Je sens en moi une telle surabondance de vie!

Le bruit de la mer a réveillé dans mon cœur je ne sais quoi d'orageux, de délicieux, ou plutôt je crois qu'il y a, sur la grève de Valriant, un sylphe irrésistible qui s'empare de moi, aussitôt que je mets le pied sur son domaine.

Cette fois, c'est pire que jamais. Ces terribles vents d'est m'enchantent. «J'entre avec ravissement dans le mois des tempêtes», et je prendrais souvent le chemin de la grève; mais ce fier autocrate qui règne ici ne le veut pas.

Il dit que j'aurais l'air d'une ondine désœuvrée; il m'appelle dédaigneusement sa frileuse, sa délicate. (Angéline n'a jamais eu le rhume de sa vie). Quant à lui, il va prendre son bain comme au beau milieu de l'été.

Tous nos plans sont faits pour cet hiver; l'étude y tient une place, mais petite. Dieu merci nous ne sommes pas *«De ces rats qui, livres rongeant, se font savants jusques aux dents».*

Pour toi, tu seras un orateur. Nous l'avons décidé unanimement; mais dans l'intimité tu n'auras pas le droit de parler plus longtemps que les autres. Retiens bien cela.

Comme toujours, Angéline ne porte que du blanc ou du bleu. Son père n'a-t-il pas bien fait de la vouer à la Vierge? Qu'elle est donc aimable pour lui! Comme elle devine ses moindres désirs!

Rien n'est petit dans l'amour. Ceux qui attendent les grandes occasions pour prouver leur tendresse ne savent pas aimer. Mets-toi cela bien avant dans l'esprit, Maurice. Au fond, je crois que tu feras un mari très supportable, «point froid et point jaloux.»

C'est ce que je disais tout à l'heure à Angéline. Sois tranquille, j'excelle à te faire valoir; je ne te donnerai jamais que de beaux défauts.

Je t'embrasse comme je t'aime, c'est-à-dire de tout mon cœur.

Mina.

P.S. — Sais-tu que le mariage est le *doux reste du paradis terrestre?* C'est l'Église qui le dit dans la préface de la messe nuptiale. Médite cette parole liturgique et ne m'écris plus de lamentations.

M.

* * *

L'été suivant, Maurice Darville revint au Canada.

Le bonheur humain se compose de tant de pièces, a-t-on dit, qu'il en manque toujours quelques-unes. Mais rien, absolument rien ne manquait aux fiancés jeunes, charmants, profondément épris. L'avenir leur apparaissait comme un enchantement. Tous deux avaient cette confiance enivrée, cette illusion de sécurité qu'ont souvent ceux qui s'aiment de l'amour le plus vif, le plus irréprochable et qu'un lien divin va unir.

Mais un événement tragique prouva cruellement que le bonheur est une plante d'ailleurs qui ne s'acclimate jamais sur terre.

M. de Montbrun aimait passionnément la chasse. Un jour du mois de septembre, comme il en revenait, il embarrassa son fusil entre les branches d'un arbre; le coup partit et le blessa mortellement.

M. de Montbrun expira quelques heures après, et cet homme, que des liens si puissants attachaient à la terre, fut admirable de force et de foi devant la mort.

Sa fille montra d'abord un grand courage, mais elle aimait son père d'un immense amour, et, après les funérailles qui eurent lieu à Québec, dans l'église des Ursulines, elle tomba dans une prostration complète, absolue, qui fit désespérer de sa vie.

Aucune parole ne saurait donner l'idée des angoisses, de la douleur de son fiancé. Tout ce que peuvent des créatures humaines, Maurice et Mina le firent pour Angéline.

Ils lui sauvèrent la vie, mais ils ne purent l'arracher au besoin de se plonger, de s'abîmer dans sa douleur.

Elle en avait ce sentiment intense qui se refuse à la consolation, qui est incompatible avec toute joie. C'est en vain que Maurice et sa sœur tâchèrent de l'amener à faire célébrer son mariage.

«Plus tard, plus tard. Je vous en prie, Maurice, laissez-moi le pleurer», répondait-elle, aux plus irrésistibles supplications de son fiancé.

Il avait été décidé que Mlle de Montbrun ne retournerait à Valriant qu'après son mariage. À cela elle consentit volontiers, mais inutilement, on mit tout en œuvre pour la décider à ne pas le différer.

Dans l'hiver qui suivit la mort de M. de Montbrun, Mlle Darville entra au noviciat des Ursulines.

Angéline ne s'y opposa point, mais la séparation lui fut cruelle. Elle aimait la présence de cette chère amie qui n'osait montrer toute sa douleur.

Mlle de Montbrun ne se plaignait pas; jamais elle ne prononçait le nom de son père. Mais elle le pleurait sans cesse, et sa magnifique santé ne tarda point à s'altérer très sérieusement.

Chez cette jeune fille d'une sensibilité étrangement profonde, la douleur semblait agir comme un poison. On la voyait, à la lettre, dépérir et se fondre. Elle avait parfois des défaillances subites, un jour qu'elle était sortie seule, prise tout à coup de faiblesse, elle tomba sur le pavé et se fit au visage des contusions qui eurent des suites fort graves. Tellement qu'il fallut en venir à une opération dont la pauvre enfant resta défigurée*.

Maurice Darville aimait sa fiancée d'un amour incomparable. Son malheur, ses souffrances, la lui avaient rendue encore plus chère, et il lui avait donné des preuves innombrables du dévouement le plus complet, le plus passionné.

Mais, ainsi qu'on a dit, dans l'amour d'un homme,

---

* La première version se lit comme suit : «Il avait été décidé qu'Angéline ne retournerait à Valriant qu'après son mariage. À cela, elle consentit facilement, mais ce fut en vain qu'on fit tout au monde pour la décider à se marier avant la fin de son deuil. Toutes les supplications de Maurice lui-même échouèrent complètement. Les distractions qu'on essayait n'avaient aucune prise sur elle. Sa santé, si forte qu'elle fût, finit par s'altérer sérieusement. Il lui vint au visage une tumeur qui résista à tous les traitements, et nécessita à la fin une opération qui la laissa défigurée.»

même quand il semble profond comme l'océan, il y a des pauvretés, des sécheresse subites. Et lorsque sa fiancée eut perdu le charme enchanteur de sa beauté, le cœur de Maurice Darville se refroidit, ou plutôt la divine folie de l'amour s'envola. C'est en vain que Maurice s'efforça de la retenir, de la rappeler. Le plus vif, le plus délicieux des sentiments de notre cœur en est aussi le plus involontaire.

Malgré le soin qu'il prenait pour n'en rien laisser voir, Angéline ne tarda point à sentir le refroidissement. Elle ne l'avait point appréhendé.

Âme très haute, elle n'avait point compris combien la perte de sa beauté l'exposait à être moins aimée.

Sa confiance en Maurice était absolue, mais, une fois éveillée, la cruelle inquiétude ne lui laissa plus de repos. Elle n'en disait rien, mais elle observait Maurice. Il lui était impossible de le bien juger; elle souffrait trop de son changement pour ne pas se l'exagérer, et après de terribles alternatives d'espérance et de doute, elle en vint à la poignante conviction que son fiancé ne l'aimait plus. Elle crut que c'était l'honneur et la pitié qui le retenaient près d'elle. Et sa résolution bientôt prise, fut fermement exécutée.

Malgré les protestations de Maurice Darville, elle lui rendit sa parole avec l'anneau de fiançailles et s'en retourna à Valriant.

Cette noble jeune fille, qui s'isolait dans sa douleur, avec la fière pudeur des âmes délicates, écrivait un peu quelquefois. Ces pages intimes intéresseront peut-être ceux qui ont aimé et souffert.

Feuilles détachées

7 mai.

Il me tardait d'être à Valriant; mais que l'arrivée m'a été cruclle! que ces huit jours m'ont été terribles! Les souvenirs délicieux autant que les poignants me déchirent le cœur. J'ai comme un saignement en dedans, suffocant, sans issue. Et personne à qui dire les paroles qui soulagent.

M'entendez-vous, mon père, quand je vous parle? Savez-vous que votre pauvre fille revient chez vous se cacher, souffrir et mourir? Dans vos bras, il me semble que j'oublierais mon malheur.

Chère maison qui fut la sienne! où tout me le rappelle, où mon cœur le revoit partout. *Mais jamais plus, il ne reviendra dans sa demeure.* Mon Dieu, pardonnez-moi. Il faudrait réagir contre le besoin terrible de me plonger, de m'abîmer dans ma tristesse. Cet isolement que j'ai voulu, que je veux encore, comment le supporter?

Sans doute, lorsqu'on souffre, rien n'est pénible comme le contact des indifférents. Mais Maurice, comment vivre sans le voir, sans l'entendre jamais, jamais! l'accablante pensée! C'est la nuit, c'est le froid, c'est la mort.

Ici où j'ai vécu d'une vie idéale si intense, si confiante, il faut donc m'habituer à la plus terrible des solitudes, à la solitude du cœur.

Et pourtant, qu'il m'a aimée! Il avait des mots vivants,

souverains, que j'entends encore, que j'entendrai toujours.

Dans le bateau, à mesure que je m'éloignais de lui, que les flots se faisaient plus nombreux entre nous, les souvenirs me revenaient plus vifs. Je le revoyais comme je l'avais vu dans notre voyage funèbre. Oh! qu'il l'a amèrement pleurée, qu'il a bien partagé ma douleur. Maintenant que j'ai rompu avec lui, je pense beaucoup à ce qui m'attache pour toujours. Tant d'efforts sur lui-même, tant de soins, une pitié si inexprimablement tendre!

C'est donc vrai, j'ai vu l'amour s'éteindre dans son cœur. Mon Dieu, qu'il est horrible de se savoir repoussante, de n'avoir plus rien à attendre de la vie.

Je pense parfois à cette jeune fille *livrée au cancer* dont parle de Maistre. Elle disait : «Je ne suis pas aussi malheureuse que vous le croyez : Dieu me fait la grâce de ne penser qu'à lui.»

Ces admirables sentiments ne sont pourtant pas pour moi. Mais, mon Dieu, vous êtes tout-puissant, gardez-moi du désespoir, ce crime des âmes lâches. Ô Seigneur! que vous m'avez rudement traitée! que je me sens faible! que je me sens triste! Parfois, je crains pour ma raison. Je dors si peu, et d'ailleurs, il faudrait le sommeil de la terre pour me faire oublier.

La nuit après mon arrivée, quand je crus tout le monde endormi, je me levai. Je pris ma lampe, et bien doucement je descendis à son cabinet. Là, je mis la lumière devant son portrait et je l'appelai.

J'étais étrangement surexcitée. J'étouffais de pleurs, je suffoquais de souvenirs, et, dans une sorte d'égarement, dans une folie de regrets, je parlais à ce cher portrait comme à mon père lui-même.

Je fermai les portes et les volets, j'allumai les lustres à côté de la cheminée. Alors son portrait se trouva en pleine lumière — ce portrait que j'aime tant, non pour le mérite de la peinture, dont je ne puis juger, mais pour l'adorable ressemblance. C'est ainsi que j'ai passé la première nuit de mon retour. Les yeux fixés sur son beau visage, je pensais à son incomparable tendresse, je me rappelais ses soins si éclairés, si dévoués, si tendres.

Ah, si je pouvais l'oublier comme je mépriserais mon cœur! Mais béni soit Dieu! La mort qui m'a pris mon bonheur, m'a laissé tout mon amour.

8 mai.

Je croyais avoir déjà trop souffert pour être capable d'un sentiment de joie. Eh bien! je me trompais.

Ce matin, au lever de l'aurore, les oiseaux ont longtemps et délicieusement chanté, et je les ai écoutés avec un attendrissement inexprimable. Il me semblait que ces voix si tendres et si pures me disaient : Dieu est bon. Espère en lui.

J'ai pleuré, mais ces larmes n'étaient pas amères, et depuis cette heure, je sens en moi-même un apaisement très doux.

Ô mon Dieu, vous ne me laisserez pas seule avec ma douleur, vous qui avez dit : «Je suis près des cœurs troublés.»

10 mai.

Ma tante est partie, et franchement...

La compagnie de cette femme faible n'est pas du tout ce qu'il me faut. Elle est bonne, infatigable dans ses soins; mais sa pitié m'énerve et m'irrite. Il y a dans sa compassion quelque chose qui me fait si douloureusement sentir le malheur d'avoir perdu ma beauté!

Les joies du cœur ne sont plus pour moi, mais je voudrais l'intimité d'une âme forte, qui m'aidât à acquérir la plus grande, la plus difficile des sciences : celle de savoir souffrir.

11 mai.

J'éprouve un inexprimable dégoût de la vie et de tout. Qui m'aidera à gravir le rude sentier? La solitude est bonne pour les calmes, pour les forts.

Mon Dieu, *agissez avec moi; ne m'abandonnez pas à la faiblesse de mon cœur, ni aux rêves de mon esprit.*

Aussitôt que mes forces seront revenues, je tâcherai de me faire des occupations attachantes. J'aimerais à m'occuper activement des pauvres, comme mon cher bon père le faisait, mais je crains que ces pauvres gens ne croient bien faire, en me parlant de ma figure, en m'exprimant leur compassion, en me tenant mille propos odieux. Craintes puériles, vaniteuse faiblesse qu'il faudra surmonter.

12 mai.

Dans le monde on plaint ceux qui tombent du faîte des honneurs, des grandeurs. Mais la grande infortune, c'est de tomber des hauteurs de l'amour.

Comment m'habituer à ne plus le voir, à ne plus l'entendre? jamais! jamais! Mon Dieu! le secret de la force... Ici ma vie a été une fête de lumière et maintenant la vie m'apparaît comme un tombeau, un tombeau, moins le calme de la mort. Oh, le calme... le repos... la paix... Que Dieu ait pitié de moi! *C'est une chose horrible d'avoir senti s'écrouler tout ce que l'on possédait sans éprouver le désir de s'attacher à quelque chose de permanent.*

14 mai.

Depuis mon arrivée, je n'avais pas voulu sortir, mais ce soir il m'est venu, par ma fenêtre ouverte, un air si chargé de salin que je n'y ai pas tenu. Quelques minutes plus tard, j'étais sur le rivage.

Il n'y avait personne. J'ai levé le voile épais sans lequel je ne sors plus, et j'ai respiré avec délices l'âpre et vivifiant parfum des grèves. La beauté de la nature, qui me ravissait autrefois, me plaît encore. Je jouissais de la vue de la mer, de la douceur du soir, de la mélodie rêveuse des vagues clapotant le long du rivage. Mais un jeune homme en canot passa chantant : *Rappelle-toi, etc.*

Cette romance de Musset, on l'a retenue de Maurice, et ce chant me rappela à l'amer sentiment de son indifférence.

Que dira-t-il en apprenant ma mort? *Pauvre enfant! Pauvre Angéline!* Il me donnera une pensée pendant quelques jours — puis il m'oubliera. Il a déjà oublié qu'ensemble nous avons espéré, aimé, souffert.

Encore si moi aussi je pouvais l'oublier. Et pourtant non, je ne voudrais pas. Il vaut mieux se souvenir. Il vaut mieux souffrir. Il vaut mieux pleurer.

17 mai.

Non, la loi des compensations n'est pas un vain mot. J'ai senti ces joies qui font toucher au ciel, mais aussi je connais ces douleurs dont on devrait mourir.

20 mai.

Douloureuse date! c'est le 20 septembre que j'ai perdu mon père.

Le mauvais temps m'a empêché de sortir. Je le regrette. J'aurais besoin de revoir la pauvre maison où il fut transporté, après le terrible accident qui lui coûta la vie. Cette maison où il est mort, je l'ai achetée. Une pauvre femme l'habite avec sa famille, mais je me suis réservé la misérable petite chambre, où, il a rendu le dernier soupir.

Toutes les peines de ma vie disparaissent devant ce que j'ai souffert en voyant mourir mon père; et pourtant, ô mon Dieu, quand je veux fortifier ma foi en votre bonté, c'est à cette heure de déchirement que je remonte. Comme ces souvenirs me sont présents! Il avait tout supporté sans une plainte; mais en me voyant, un profond gémissement lui échappa. Il s'évanouit.

Quand la connaissance lui fut revenue, il mit péniblement son bras à mon cou, mais il ne me parla pas, il ne me regarda pas. Il avait les yeux levés vers une image de Notre-Dame des douleurs, que quatre épingles fixaient sur le mur au pied de son lit, et aussi longtemps que je vivrai, je verrai l'expression d'agonie de son visage.

Pour moi, malgré l'épouvante, le saisissement de cette heure, je ne sais comment je restais calme. On m'avait tant dit qu'il fallait l'être; que la moindre émotion lui serait funeste.

Le tintement de la clochette nous annonça l'approche du Saint-Sacrement. À ce son bien connu il tressaillit, une larme roula sur sa joue pâle, il ferma les yeux, et me dit avec effort : «Ma fille pense à Celui qui vient».

C'était la première parole qu'il m'adressait. Sa voix était faible, mais bien distincte. Je ne sais quel espoir, quelle foi au miracle me soutenait.

Ô Maître de la vie et de la mort, je croyais que vous vous laisseriez toucher. Seigneur, je vous offrais tout pour racheter ses jours, et, prosternée à vos pieds sacrés, dans ma mortelle angoisse, j'implorais votre divine pitié par les larmes de votre mère, par ce qu'elle souffrit en vous voyant mourir.

Non, je ne pouvais croire en mon malheur. Le mot de résignation me faisait l'effet du froid de l'acier entre la chair et les os, et lorsque après sa communion, mon père m'attira à lui et me dit : «Angéline, c'est la volonté de Dieu qui nous sépare» j'éclatai. Ce que je dis dans l'égarement de ma douleur, je l'ignore; mais je vois encore l'expression de sa douloureuse surprise.

Il baisa le crucifix qu'il tenait dans sa main droite, et dit avec un accent de supplication profonde : «Seigneur, pardonnez-lui, la pauvre enfant ne sait pas ce qu'elle dit».

Pendant quelques instants, il resta absorbé dans une prière intense. Puis avec quelle autorité, avec quelle tendresse il m'*ordonna*, mot si rare sur ses lèvres, de dire avec lui : Que la volonté de Dieu soit faite!

Tout mon être se révoltait contre cette volonté et avec

quelle force! avec quelle violence! Mais je ne pouvais pas, non, je ne pouvais pas lui désobéir, et je dis comme il voulait.

Alors il me bénit, et appuyant ma tête sur sa poitrine où reposait son viatique : «Amour sauveur, répétait-il, je vous la donne... Ô Seigneur Jésus, parlez-lui... Ô Seigneur Jésus, consolez-la».

Et moi, dans l'agonie de ce moment...

Seigneur compatissant, Jésus, roi d'amour, roi de gloire, notre frère divin, c'est prosternée le visage contre terre, que je devrais vous rendre grâce. Comment fortifiez-vous vos rachetés avec les défaillances de votre force infinie, avec le poids de votre croix sanglante? Dans nos cœurs de chair, que mêlez-vous à la douleur qui transperce et qui broie? Jésus tout-puissant, vous m'avez fait accepter, adorer votre volonté. J'offris mon cœur au glaive, et en ce moment plus douloureux que mille morts, j'avais de votre bonté, de votre amour, de votre compassion, un sentiment inénarrable.

Ah! dans mes heures de faiblesse et d'angoisse, pourquoi ne me suis-je pas réfugiée dans ce souvenir sacré? J'y aurais trouvé la force et la paix. *La Paix...* Je l'avais dans mon cœur quand mon père expira dans mes bras, et lorsque le prêtre récita le *De profundis*, moi, prosternée sur le pavé de la chambre, du fond de l'abîme de ma douleur, je criais encore à Dieu : Que votre volonté soit faite.

Quand je me relevai, on avait couvert son visage, et pour la première fois de ma vie, je m'évanouis.

En reprenant connaissance, je me trouvai couchée sur l'herbe. Je vis Maurice penché sur moi, et je sentais ses larmes couler sur mon visage. Le curé de Valriant me dit alors : «Ma fille, regardez le ciel».

Ma fille... ce mot, que mon père ne dirait plus jamais, me fut cruel à entendre. Et me tournant vers la terre je pleurai.

Ce matin à mon réveil, j'ai aperçu un petit serin qui voltigeait dans ma chambre.

Monique, qui tricotait au pied de mon lit, m'a dit : «C'est un présent des jumeaux. Ils l'ont apprivoisé pour vous et vous l'ont apporté ce matin, en se rendant au catéchisme.»

J'ai tendu la main à l'oiseau, qui après quelques coquetteries s'y est venu poser. Ce cher petit! je ne l'ai que depuis quelques heures, et ça me ferait de la peine de le perdre. Il est si gentil et chante si bien. N'est-ce pas aimable de la part de ces enfants d'avoir pensé à me faire plaisir?

Ce soir, il m'a pris fantaisie d'aller les remercier. Je les ai trouvés assis sur le seuil de leur petite maison. Marie, jolie et fraîche à faire honte aux roses, enfilait des graines d'actée pour s'en faire des colliers, et Paul la regardait faire.

En la voyant si charmante, je me rappelai ce que j'étais, alors que Maurice m'appelait «*La fleur des champs*» et une tristesse amère me saisit au cœur.

Rien de plus aimable, de plus touchant à voir, que la mutuelle tendresse de ces deux beaux enfants. «Ils ne peuvent se perdre de vue», dit leur grand-mère, et c'est bien vrai.

Pauvres petits! que deviendra celui des deux qui survivra à l'autre? Une grande affection, c'est le grand bonheur de la vie, mais aux grandes joies les grandes douleurs. Pourtant, même après la séparation sans retour, quel est celui qui, pour moins souffrir consentirait à avoir moins aimé.

Mon père aimait ces vers de Byron : «Rendez-moi la joie avec la douleur : je veux aimer comme j'ai aimé, souffrir comme j'ai souffert».

Je viens de visiter mon jardin, que je n'avais encore qu'entrevu. Ce brave Désir avait l'air tout fier de m'en faire les honneurs. Mais je n'ai pas tardé à voir que quelque chose le fatiguait, et quand j'ai dit : «Désir, qu'est-ce que c'est!» il m'a répondu :

— Mademoiselle, c'est votre beau rosier qui sèche sur pied. J'ai bien fait mon possible pourtant!

Puis il m'a donné beaucoup d'explications que je n'ai guère entendues. Je regardais le pauvre arbuste, qui n'a plus, à bien dire, que ses épines, et je pensais au jours où Maurice me l'apporta si vert, si couvert de fleurs.

Que reste-t-il de ces roses entrouvertes? que reste-t-il de ces parfums?

Fanées les illusions de la vie, fanées les fleurs de l'amour! Pourquoi pleurer? ni les larmes ni le sang ne les feront revivre.

Pauvre Maurice! Son amour pour moi a bien assombri sa jeunesse. Avec quelle anxiété cruelle, avec quelles mortelles angoisses, il suivait les progrès de ce mal terrible!

Il est vrai qu'avec l'espoir de ma guérison, l'amour s'est éteint dans son cœur. Il n'a pu m'aimer défigurée, et quel homme l'eût fait?

Mon Dieu, où est le temps où je trouvais la vie trop douce et trop belle? Alors j'excitais l'envie. On se demandait pourquoi j'étais si riche, si charmante, si aimée.

Et maintenant, malgré ma fortune, une mendiante refuserait de changer son sort contre le mien. Ah! que mon père eût souffert en me voyant telle que je suis! Dieu soit béni de lui avoir épargné cette terrible épreuve.

(Angéline de Montbrun à Mina Darville)

Chère Mina,

Merci et encore merci de vos si bonnes lettres. J'ai l'air ingrate, mais je ne le suis pas.

À part quelques billets bien courts à ma tante, je n'écris absolument à personne. Il me vient quelques lettres de celles qu'on appelait mes amies. (Pauvre amitié! pauvres amies!) Je vous avoue que, d'un jour à l'autre, je crois moins à *leur sympathie profonde*.

aimera toujours. Il est la bonté infinie. Il est l'éternel, l'incompréhensible amour. Et avec quelle joie je donnerais ce que je possède pour sentir ces vérités, comme je les sentais dans les bras de mon père mourant. Mais j'ai perdu cette claire vue de Dieu qui me fut donnée à l'heure de l'indicible angoisse.

Chère sœur, dans les premiers mois de mon deuil, vous avez été un ange pour moi. Maurice aussi, et pourtant ce ne sont pas vos soins, ce n'est pas votre tendresse qui m'a fait vivre.

Ce qui me soutenait, c'était le souvenir de la bonté de Dieu, inexprimablement sentie et goûtée à l'heure redoutable du sacrifice — à cette heure où j'ai souffert plus que pour mourir.

Vous, Mina, vous savez ce que mon père était pour moi. Et qui donc à ma place ne l'eût pas ardemment et profondément aimé? Tous les soirs, après mes prières, je m'agenouille devant son portrait, comme j'aimais à le faire devant lui, et, bien souvent, je pleure.

Pardon de vous parler si longuement de mes peines. Je n'en dis jamais rien, et j'aurais besoin d'expansion. Hélas! je pense sans cesse à ma délicieuse vie d'autrefois.

Ô mon amie, je voudrais pleurer dans vos bras, mais voici que l'infranchissable grille d'un cloître va nous séparer pour toujours. Adieu.

30 mai.

La nuit est très avancée, mais je veille en pensant à Mina qui, dans quelques heures, prononcera ses vœux. Ô noblesse de la vie religieuse! Et qui donc a dit que dans l'âme humaine il y a un mystère d'élévation? Mina est la sœur de Maurice, elle a été l'amie chérie de ma jeunesse, et pourtant, malgré la douceur de ces souvenirs, ce n'est pas l'image de la Mina d'autrefois qui domine dans mes pensées; c'est celle de la vierge qui dort là-bas sous la garde des anges, en attendant l'heure de sa consécration au Seigneur.

Chère Mina! que lui dira Celui qu'elle a choisi lorsque le son de la cloche l'avertira qu'enfin l'heure est venue? Ah, je voudrais être là pour la voir, pour l'entendre! Mais il faudrait rencontrer Maurice, et je ne m'en suis pas senti la force.

Pensera-t-il à moi? Quand Mina prit l'habit religieux, j'étais à côté de lui dans la chapelle Sainte-Philomène. Avant la cérémonie, nous fûmes longtemps au parloir seuls avec Mina. Sa toilette de mariée lui allait à ravir, et qu'elle était calme! et avec quelle tendresse céleste elle nous parla!

Le soir, Maurice vint chez ma tante. Quelqu'un s'étant élevé contre la vie religieuse, Maurice, encore sous le coup des émotions de la journée, répondit en lisant cette partie d'une conférence de Lacordaire, où l'illustre dominicain prouve la divinité de Jésus-Christ par l'amour qu'il inspire, par les sacrifices qu'il demande, et *dont tous les siècles lui apportent l'hommage.* Maurice lut admirablement ces pages éloquentes, et je crois l'entendre encore quand il disait : «Il y a un homme dont l'amour garde la tombe.»

«Il y a un homme flagellé, tué, sacrifié, qu'une inénarrable passion ressuscite de la mort et de l'infamie, pour le placer dans la gloire d'un amour qui ne défaille jamais, d'un amour qui trouve en lui la paix, l'honneur , la joie et jusqu'à l'extase.»

Ô merveilleux Jésus, cela est vrai!

«Pour nous, comme disait encore Lacordaire, poursuivant l'amour toute notre vie, nous ne l'obtenons jamais que d'une manière imparfaite, et qui fait saigner notre cœur.»

Oui, Mina a choisi la meilleure part. L'amour chez l'homme est comme ces feux de paille qui jettent d'abord beaucoup de flammes, mais qui bientôt n'offrent plus qu'une cendre légère que le vent emporte et disperse sans retour.

Comme moi, ma vieille Monique aime la mer. Aussi nous nous promenons souvent sur la grève.

Cette après-midi j'y ai rencontré Marie Desroches*, mon ancienne camarade. Elle s'est jetée à mon cou avec un élan qui m'a touchée, et, en me regardant elle a pleuré — de belles larmes sincères. J'ai accepté avec plaisir son invitation de me rendre chez elle.

Enfant, j'aimais la société de cette petite sauvage qui n'avait peur de rien, et lui enviais la liberté dont elle jouissait. Heureusement cette liberté presque absolue ne lui a pas été nuisible.

«On sent rien qu'à la voir sa dignité profonde!
De ce cœur sans limon, nul vent n'a troublé l'onde.»

Il faut que Marie ait bien du goût et de l'industrie, car cette cabane, perdue dans les rochers, est agréable. Sans doute, le confortable est loin, mais grâce à la verdure et aux fleurs, c'est joli.

Pour que nous puissions causer librement, Marie m'a fait passer dans la petite chambre qu'elle partage avec sa sœur. La charmante statue de la sainte Vierge que mon père lui donna, lorsqu'elle eût perdu sa mère, y occupe la place d'honneur. Un lierre vigoureux l'entoure gracieusement.

C'est doux à l'âme et doux aux yeux; et j'ai été bien touchée, en apercevant, dans cette chambre de jeune fille, la photographie de mon père, encadrées d'immortelles et de mousse séchées.

— Marie, lui ai-je dit, tu ne l'oublies donc pas?

Et j'ai encore dans l'oreille l'accent avec lequel elle a répondu : «Ah, Mademoiselle, je mourrai avant de l'oublier».

Cette jeune fille passe sa vie aux soins du ménage, à fabriquer et à raccommoder les filets qui servent à son père pour prendre le poisson qu'il va vendre quatre sous la

---

* Fille d'un pauvre pêcheur et filleule de M. de Montbrun.

douzaine. Et pourtant comme sa vie me semble douce! Elle a la santé, la beauté.

Un de ces jours, un honnête homme l'aimera, et en l'aimant deviendra meilleur. Son cœur est calme, son âme sereine. Elle ne connaît pas les amères tristesses, les dévorants regrets. Mon Dieu, faites qu'elle les ignore toujours, et donnez-moi la paix — la paix du cœur, en attendant la paix du tombeau.

4 juin.

Je viens d'apprendre que Mlle Désileux est morte hier à sa ferme des Aulnets. Pauvre fille! quelle triste vie!

Mon père disait qu'elle avait un grand cœur. Il me menait la voir de temps en temps, et les premières fois, je me rappelle encore, avec quel soin il me recommandait d'être gentille avec elle, de ne pas avoir l'air de remarquer son affreuse laideur.

— Vois-tu, disait-il, elle sait qu'elle est affreuse, et il faut tâcher de lui faire oublier cette terrible vérité.

Pourquoi cette adorable bonté est-elle si rare? Si Maurice avait la délicatesse de mon père, peut-être aurait-il pu me faire oublier que je ne puis plus être aimée.

Pauvre Mlle Désileux! Au commencement, elle m'inspirait une répulsion bien grande, mais quand mon père me disait de son ton le plus aisé : «Angéline, va embrasser Mademoiselle Désileux», je m'exécutais courageusement. Et ensuite que j'étais fière de l'entendre me dire, qu'il était content de moi; car toute petite, je l'aimais déjà avec une vive tendresse, et quand il se montrait satisfait de ma conduite, je donnais dans les étoiles.

C'était son opinion qu'une affection trop démonstrative amollit le caractère, nuit au développement de la volonté qui a tant besoin d'être fortifiée; aussi, malgré son extrême amour pour moi, il était très sobre en caresses.

Mais quand je l'avais parfaitement contenté, il me le témoignait toujours de la manière la plus aimable et la plus tendre. Parfois aussi, malgré son admirable empire sur lui-même, il lui échappait de soudaines explosions de tendresse dont je restais ravie, et qui me prouvaient combien la contrainte, qu'il s'imposait là-dessus, lui devait peser.

Je me rappelle qu'un jour, que nous lisions ensemble la vie de la mère de l'Incarnation, il versa des larmes, à cet endroit où son fils raconte qu'elle ne l'embrassa jamais — pas même à son départ pour le Canada — alors qu'elle savait lui dire adieu pour toujours.

(Véronique Désileux à Angéline de Montbrun)

Mademoiselle,

Je sens que ma fin est proche et je ramasse mes forces pour vous écrire. Quand vous recevrez cette lettre, je serai morte. Dieu veuille que ma voix, en passant par la tombe, vous apporte quelque consolation!

Ah, chère Mademoiselle, que j'ai souffert de vos peines! que je serais heureuse si je pouvais les adoucir, et vous prouver ma reconnaissance, car monsieur votre père et vous, vous avez été bons, vraiment bons pour la pauvre Véronique Désileux. Et soyez-en sûre, c'est une aumône bénie de Dieu, que celle d'une parole affectueuse, d'un témoignage d'intérêt aux pauvres déshérités de toute sympathie humaine.

Si vous saviez comme la bienveillance est douce à ceux qui n'ont jamais été aimés! Dans le monde, on a l'air de croire que les êtres disgraciés n'ont pas de cœur, et plût au ciel qu'on ne se trompât point!

Je vous laisse tout ce que je possède : ma ferme et mon mobilier. Veuillez en disposer comme il vous plaira — et ne me refusez pas un souvenir quelquefois.

Si je pouvais vous dire comme j'ai pleuré votre père! que Dieu me pardonne! dans la folie de ma douleur, j'aurais voulu faire, comme le chien fidèle qui se traîne sur la tombe de son maître, et s'y laisse mourir.

Alors pourtant je ne savais pas jusqu'à quel point il

avait été bon pour la pauvre disgraciée : c'est seulement ces jours derniers que j'ai appris ce que je lui dois.

Sachez donc qu'à la mort de mon père, il y a quinze ans, je me serais trouvée absolument sans ressources, si M. de Montbrun eût exigé le paiement de ce qui lui était dû. Mais en apprenant que mon père s'était ruiné, qu'il ne me restait plus que la ferme des Aulnets, et qu'il faudrait la vendre pour le payer : «Pauvre fille! dit-il, sa vie est déjà assez triste!»

Et aussitôt, il fit un reçu pour le montant de la dette, le signa, et le remit à M. L. en lui faisant promettre le plus inviolable secret. M. L. m'a raconté cela après avoir reçu mon testament.

«Au point où vous en êtes, m'a-t-il dit, ça ne peut pas vous humilier.» Et il a raison.

Chère Mademoiselle, depuis que je sais ces choses, j'y ai pensé souvent. Je gardais à Monsieur votre père, une reconnaissance profonde pour l'intérêt qu'il m'a témoigné, pour la courtoisie parfaite avec laquelle il m'a toujours traitée, et à la veille de mourir, j'apprends que je lui ai dû le repos, l'indépendance et la joie de pouvoir donner souvent.

Que ne puis-je quelque chose pour vous, *sa fille!* On dit que vous avez fait preuve d'un grand courage, mais je devine quels poignants regrets, quelles mortelles tristesses vous cachez sous votre calme, et que de fois j'ai pleuré pour vous!

Ah, si je pouvais vous faire voir le néant de ce qui passe comme on le voit en face de la mort! Vous seriez bien vite consolée.

Mon heure est venue, la vôtre viendra, et bientôt, «car les heures ont beau sembler longues, les années sont toujours courtes.»

Alors, vous comprendrez le but de la vie, et vous verrez quels desseins de miséricorde se cachent sous les mystérieuses duretés de la Providence.

Maintenant, je vois que ma vie pouvait être une vie de bénédictions! À cette heure où tout échappe, que je serais riche!

J'ai vécu sans amitié, sans amour. Mon père lui-même, ne savait pas dissimuler la répugnance que je lui inspirais. Mais si, acceptant tous les rebuts, toutes les humiliations, d'un cœur humble et paisible, je les avais déposés aux pieds de Jésus-Christ, avec quelle confiance je dirais aujourd'hui comme le divin Sauveur, la veille de sa mort : *J'ai fait ce que m'aviez donné à faire, glorifiez-moi maintenant, mon père.*

Hélas, j'ai bien mal souffert! *Mais autant le ciel est au-dessus de la terre, autant il a affermi sur nous sa miséricorde.* J'aime à méditer cette belle parole en regardant le ciel. Oui, j'espère. Ne crains rien, m'a dit Notre-Seigneur, lorsqu'il est venu dans mon âme, ne crains pas. Demande-moi pardon de n'avoir pas su souffrir pour l'amour de moi, qui t'ai aimée jusqu'à la mort de la croix. Ah, pourquoi, ne l'ai-je pas aimé? Lui, n'eût pas dédaigné ma tendresse.

Ma chère enfant, j'aurais bien voulu vous voir avant de mourir. Mais on m'a dit qu'un voyage de quelques lieues était beaucoup pour vos forces — qu'il valait mieux vous épargner les émotions pénibles — et je n'ai pas osé vous faire prier de venir.

Pourtant, il me semble que cette visite ne vous eût pas été inutile. Mieux que personne, je crois comprendre ce que vous souffrez.

Pauvre enfant si éprouvée, ne serait-elle pas pour vous cette parole de l'Imitation : «Jésus-Christ veut posséder seul votre cœur, et y régner comme un roi sur le trône qui est à lui.»

Un auteur, que j'aime, dit que nous pouvons exagérer bien des choses, mais que nous ne pourrons jamais exagérer l'amour de Jésus-Christ. Méditez cette douce et profonde vérité. Pensez à l'incomparable ami. Faites-lui sa place dans votre cœur, et il vous sera ce que jamais père, jamais époux n'a été.

Et maintenant, chère fille de mon bienfaiteur, adieu. Adieu, et courage. Souffrir passe, mais si vous acceptez la volonté divine, avoir souffert ne passera jamais.

À vous pour l'éternité.

Véronique Désileux.

12 juin.

Mon Dieu, donnez le bonheur éternel à celle qui a tant souffert. Pardonnez si parfois elle a faibli sous le poids de sa terrible croix.

Je relis souvent sa lettre. Cette voix qui n'est plus de ce monde me fait pleurer. Pauvre fille! Son souvenir ne me quitte pas. La pensée de ce qu'elle a souffert m'arrache au sentiment de mes peines.

La nuit dernière, j'ai fait un rêve qui m'a laissé une étrange impression.

Il me semblait que j'étais dans un cimetière. L'herbe croissait librement entre les croix, dont plusieurs tombaient en ruines. Je marchais au hasard, songeant aux pauvres morts, quand une tombe nouvelle attira mon attention.

Comme je me penchais pour l'examiner, la terre, fraîchement remuée, devint soudain transparente comme le plus pur cristal, et je vis Véronique Désileux au fond de sa fosse. Elle semblait plongée dans un recueillement profond; sous le drap qui les couvrait, on distinguait ses mains jointes pour l'éternelle prière.

Je la regardais, invinciblement attirée par le calme de la tombe, par le repos de la mort, et je l'interrogeais, je lui demandais si elle regrettait d'avoir souffert, de ne jamais avoir inspiré que de la pitié.

18 juin.

M. L. est venu m'annoncer que j'héritais de Mlle Désileux. Je ne voulais pas le recevoir, mais il a tant insisté que j'y ai consenti.

Heureusement, cet homme d'affaires est aussi un homme de tact. Pas de ces marques d'intérêt qui froissent, pas de cette compassion qui fait mal. Seulement, en me quittant, il m'a dit : «Vous avez beaucoup souffert, et cela se voit. Mais pourtant, vous ressemblez toujours à votre père».

Cette parole m'a été bien sensible. Ô chère ressemblance, qui faisait l'orgueil de ma mère et sa joie à lui.

M. L. m'a parlé au long de la conduite de mon père envers la pauvre Mlle Désileux, et m'a raconté plusieurs traits qui prouvent également un désintéressement et une délicatesse bien rares.

«Soyez sûre, m'a-t-il dit, qu'il en est beaucoup que nous ignorerons toujours.»

Oui, cette divine loi de la charité, il la remplissait dans sa large et suave plénitude. Avec quel soin ne me formait-il pas à ce grand devoir!

J'étais encore tout enfant, et déjà il se servait de moi pour ses aumônes. Pour encouragement, pour récompense, il me proposait toujours quelque infortune à soulager, et sa grande punition, c'était de me priver de la joie de donner. Mais il pardonnait vite. Et la douceur de ces moments où je pleurais, entre ses bras, le malheur de lui avoir déplu.

22 juin.

Depuis hier, je suis aux Aulnets. En arrivant, j'ai été voir la tombe de Mlle Désileux, où croissent déjà quelques brins d'herbe. La maison était fermée depuis les funérailles. Sa vieille servante est venue m'ouvrir la porte, et quelle impression m'a faite le silence sépulcral qui régnait partout.

Je n'osais avancer dans ces chambres obscures, où quelques rayons de lumière pénétraient, à peine, entre les volets fermés.

Pauvre folle que je suis! je suis venue pour me fortifier par la pensée de la mort, et je me surprends sans cesse, songeant à Maurice, à ce qu'il éprouvera quand il reviendra à Valriant — car il y reviendra. C'est à lui que je laisserai ma maison.

Que lui diront les scellés partout, les chambres vides et sombres, le silence profond. Cette maison, qu'il appelait *son paradis*, pourra-t-il en franchir le seuil sans que son cœur se trouble? Les souvenirs ne se lèveront-ils pas de toutes parts, tristes et tendres, devant lui? La voix du passé ne se fera-t-elle pas entendre dans ce morne silence?

Ô mon Dieu! voilà que je retombe dans mes faiblesses. Que m'importe qu'il me pleure? Rien ne saurait-il m'arracher à ce fatal amour? Quoi! ni l'éloignement, ni le temps, ni la religion, ni la mort!

Malheur à moi! j'ai beau dire que je n'existe plus pour lui, je l'aime, comme les infortunés seuls peuvent aimer.

24 juin.

De ma fenêtre, je vois très bien le cimetière, et je distingue parfaitement l'endroit où repose Véronique Désileux. Sa servante me dit qu'elle passait souvent ici des heures entières. Comme tous les condamnés à l'isolement, elle aimait la vue de la nature, et peut-être aussi celle du cimetière.

Parmi les morts qui dorment là, en est-il un qui ait souffert plus qu'elle!

Saura-t-on jamais ce qui s'amasse de tristesses et de douleurs dans l'âme des malheureux condamnés à être toujours et partout ridicules? Que sont les éclatantes infortunes comparées à ces vies toutes de rebuts, d'humiliations, de froissements? Et c'était une âme ardente! Ah! mon Dieu!

Que je regrette de n'être pas venue la voir! Ma présence eût adouci ses derniers jours. Nous aurions parlé de mon père ensemble. La malheureuse l'aimait, et rien dans les sentiments des heureux du monde ne peut fait soupçonner jusqu'où.

Quand ces pauvres cœurs toujours blessés, toujours méprisés, osent aimer, ils adorent. Jamais elle ne s'est remise de la nouvelle de sa mort, et je ne puis penser, sans verser des larmes, à l'accablement mortel où elle resta plongée.

Hier soir, la servante m'a raconté bien des choses, tout en tournant son rouet devant l'âtre de sa cuisine. Parfois elle s'arrêtait subitement, et jetait un regard furtif vers la chambre de sa maîtresse — ce qui me faisait courir des frissons. Il me semblait que j'allais la voir paraître.

Quel mystère que la mort! comme cette terrible disparition est difficile à réaliser! Après la mort de mon père, lorsqu'on disait à Mlle Désileux qu'avec le temps, je me consolerais : «Jamais, jamais», s'écriait-elle en couvrant son visage.

Il est impossible de dire la pitié qu'elle avait de moi. La nuit même de sa mort, elle s'attendrissait encore sur mon malheur, et répétait à la personne qui la veillait : «Dites-lui que Dieu lui reste.»

Ô mon amie, obtenez-moi l'intelligence de cette parole!

Qu'est-ce que la vie? «Quelque brillante que soit la pièce, le dernier acte est toujours sanglant. On jette enfin de la terre sur la tête et en voilà pour jamais!»

26 juin.

De ma visite aux Aulnets j'ai emporté *Tout pour Jésus*, livre bien-aimé de Mlle Désileux; et, mon Dieu, avec quelle émotion j'ai lu la page suivante, qui portait en marge la date de la mort de mon père!

«Regardez cette âme qui vient d'entendre son jugement : à peine Jésus a-t-il fini de parler, le son de sa douce voix n'est point encore éteint, et ceux qui pleurent n'ont pas encore fermé les yeux du corps loin duquel la vie a fui : pourtant le jugement est rendu, tout est consommé; il a été court, mais miséricordieux. Que dis-je, miséricordieux? La parole ne saurait dire ce qu'il a été. Que l'imagination le trouve. Un jour, s'il plaît à Dieu, nous en ferons nous-même la douce expérience. Il faut que cette âme soit bien forte pour ne pas succomber sous la vivacité des sentiments qui s'emparent d'elle; elle a besoin que Dieu la soutienne pour ne point être anéantie. Sa vie est passée; comme elle a été courte! sa mort est arrivée; combien douce son agonie d'un moment! comme les épreuves paraissent une faiblesse, les chagrins une misère, les afflictions un enfantillage! Et maintenant elle a obtenu un bonheur qui ne finira jamais. Jésus a parlé, le doute n'est plus possible. Quel est ce bonheur? L'œil ne l'a point vu, l'oreille ne l'a point entendu.

Elle voit Dieu, l'éternité s'étend devant elle, dans son infini. Les ténèbres se sont évanouies, la faiblesse a disparu, il n'est plus ce temps qui autrefois la désespérait. Plus d'ignorance, elle voit Dieu, son intelligence se sent inondée de délices ineffables; elle a puisé de nouvelles forces dans cette gloire que l'imagination ne saurait concevoir; elle se rassasie de cette vision, en présence de laquelle toute la science du monde n'est que ténèbres et ignorance. Sa volonté nage dans un torrent d'amour; ainsi qu'une éponge s'emplit des eaux de la mer, elle s'emplit de lumière, de beauté, de bonheur, de ravissement, d'immortalité, de Dieu. Ce ne sont là que de vains mots plus légers que la plume, plus faibles que l'eau; ils ne sauraient rappeler à l'imagination même l'ombre du bonheur de cette âme.

Et nous sommes encore ici! Ô ennui! ô tristesse!»

(Angéline de Montbrun à Mina Darville)

Vous n'avez pas oublié notre voyage aux Aulnets, ni cette pauvre Mlle Désileux si difforme. Elle n'est plus et après sa mort on m'a remis une lettre d'elle qui ne sera pas inutile.

Mina, comme cette pauvre disgraciée nous aimait, mon père et moi! et qu'elle a souffert!

C'est fini, maintenant la terre a été foulée sur son pauvre corps, et pour moi, voilà Véronique Désileux parmi ces ombres chères qu'on traîne après soi, à mesure qu'on avance dans la vie.

J'ai reçu vos deux lettres, et bien des choses m'ont profondément touchée. Vous savez comme il vous plaignait à son heure dernière, et volontiers, je dirais comme lui : «Pauvre petite Mina».

Votre frère m'a envoyé de vos cheveux. Veuillez le remercier de ma part, et lui faire comprendre qu'il ne doit plus m'écrire. À quoi bon!

Chère sœur, je ne puis regarder sans émotion ces belles boucles brunes que vous arrangiez si bien. Qui nous eût dit qu'un jour cette superbe chevelure tomberait sous le ciseau monastique? qu'un guimpe de toile blanche entourerait votre charmant visage?

Ma chère mondaine d'autrefois, comme j'aimerais à vous voir sous votre voile noir.

Ainsi, vous voilà consacrée à Dieu, obligée d'aimer Notre-Seigneur d'un amour de vierge et d'épouse.

Ce qu'on dit contre les vœux perpétuels me révolte. Honte au cœur qui, lorsqu'il aime, peut prévoir qu'il cessera d'aimer.

Mon amie, je ne dors guère, et en entendant sonner quatre heures, votre souvenir me revient toujours. Ma pensée vous suit, tout attendrie, dans ces longs corridors des Ursulines.

J'ai assisté à l'oraison des religieuses. J'aimais à les voir immobiles dans leurs stalles, et toutes les têtes, jeunes et vieilles, inclinées sous la pensée de l'éternité. L'éternité, cette mer sans rivages, cet abîme sans fond où nous disparaîtrons tous!

Si je pouvais me pénétrer de cette pensée! Mais je ne sais quel poids formidable m'attache à la terre. Où sont les ailes de ma candeur d'enfant? Alors je me sentais portée en haut par l'amour. Mon âme, comme un oiseau captif, tendait toujours à s'élever. Oh! le charme profond de ces enfantines rêveries sur Dieu, sur l'autre vie.

J'aimais mon père avec une ardente tendresse, et pourtant, je l'aurais laissé sans regret pour mon père du ciel. Mina, c'était la grâce encore entière de mon baptême. Maintenant, la chrétienne, aveuglée par ses fautes, ne comprend plus ce que comprenait l'innocence de l'enfant. Mina, j'ai vu de près l'abîme du désespoir. Ni Dieu ni mon père ne sont contents de moi, et cette pensée ajoute encore à mes tristesses.

Dans votre riante chapelle des Ursulines, j'aimais surtout la chapelle des Saints, où je priais mieux qu'ailleurs. Pendant mon séjour au pensionnat, tous les jours j'allais y faire brûler un cierge, pour que la sainte Vierge me ramenât mon père sain et sauf, et maintenant, je voudrais que là, aux pieds de Notre-Dame du Grand-Pouvoir, une lampe brûlât nuit et jour pour qu'elle me conduise à lui.

Je suis charmée que vous soyez sacristine. Vous faites si merveilleusement les bouquets. Quels beaux paniers de fleurs je vous enverrais, si vous n'étiez si loin.

Ma chère Mina, soyez bénie pour le tendre souvenir que vous donnez à mon père. Puisque votre office vous permet d'aller dans l'église, je vous prie, ne passez un jour sans vous agenouiller, sur le pavé qui le couvre. Cette fosse si étroite, si froide, si obscure, je l'ai toujours devant les yeux. Vous dites que dans le ciel il est plus près de moi qu'autrefois.

Mina, le ciel est bien haut, bien loin, et je suis une pauvre créature. Vous ne pouvez comprendre à quel point il me manque, et le besoin, l'irrésistible besoin de me sentir serrée contre son cœur.

Le temps ne peut rien pour moi. Comme disait Eugénie de Guérin, les grandes douleurs vont en creusant comme la mer. Et le savait-elle comme moi! Elle ne pouvait aimer son frère comme j'aimais mon père. Elle ne tenait pas tout de lui. Puis rien ne m'avait préparée à mon malheur. Il avait toute la vigueur, toute l'élasticité, tout le charme de la jeunesse. Sa vie était si active, si calme, si saine et sa santé si parfaite. Sans ce fatal accident! C'est peut-être *une perfidie de la douleur*, mais j'en reviens toujours là.

Mon amie, vous savez que je ne me plains pas volontiers, mais votre amitié est si fidèle, votre sympathie si tendre, qu'avec vous mon cœur s'ouvre malgré moi. Ma santé s'améliore. Qui sait combien de temps je vivrai. Implorez pour moi la paix, ce bien suprême des cœurs morts.

«Pourquoi dans mon esprit revenez-vous sans cesse!
Ô jours de mon enfance et de mon allégresse?
Qui donc toujours vous rouvre en nos cœurs presque
    éteints,
Ô lumineuse fleur des souvenirs lointains?»

Parmi les papiers de mon père, j'ai trouvé plusieurs de mes cahiers d'études qu'il avait conservés; et comme cela m'a reportée à ces jours bénis où je travaillais sous ses yeux, entourée, pénétrée par sa chaude tendresse. Quels soins ne prenait-il pas pour me rendre l'étude agréable. Il voulait que je grandisse heureuse, joyeuse, dans la liberté de la campagne, parmi la verdure et les fleurs, et pour cela il ne recula pas devant le sacrifice de ses goûts et de ses habitudes.

La vue de ces cahiers m'a profondément touchée. J'ai pleuré longtemps. Ô le bienfait des larmes! Parfois, cette divine source tarit absolument. Alors, je demeure plongée dans une morne tristesse. Vainement ensuite, je cherche mes bons sentiments, mes courageuses résolutions. La douleur, cette virile amie, élève et fortifie, mais la tristesse dévaste l'âme. Comment se garantir de cette langueur consumante?

Je ne vis guère dans le présent, et pour ne pas voir l'avenir, qui m'apparaît comme une morne et désolée solitude, je songe au passé tout entier disparu. Ainsi le naufrage, qui n'a que l'espace devant lui, se retourne, et dans sa mortelle détresse, interroge la mer où ne flotte plus une épave.

Oui, tout a disparu. Ô mon Dieu, laissez-moi l'amère volupté des larmes!

Je ne devrais pas lire les Méditations. Cette voix molle et tendre a trop d'écho dans mon cœur. Je m'enivre de ces dangereuses tristesses, de ces passionnés regrets. Insensée! J'implore la paix et je cherche le trouble. Je suis comme un blessé qui sentirait un âpre plaisir à envenimer ses plaies, à en voir couler le sang.

Où me conduirait cette douloureuse effervescence? J'essaie faiblement de me reprendre à l'aspect charmant de la campagne, mais *«le soleil des vivants n'échauffe plus les morts»*.

6 juillet.

Oublier! est-ce un bien? Puis-je le désirer?

Oublier qu'on a porté en soi-même l'éclatante blancheur de son baptême, et la divine beauté de la parfaite innocence.

Oublier la honte insupportable de la première souillure, la salutaire amertume des premiers remords.

Oublier l'âpre et fortifiante saveur du renoncement; les joies profondes, les religieuses terreurs de la foi.

Oublier les aspirations vers l'infini, la douceur bénie des larmes, les rêves délicieux de l'âme virginale, les premiers regards jetés sur l'avenir, ce lointain enchanté qu'illuminait l'amour.

Oublier les joies sacrées du cœur, les déchirements sanglants et les illuminations du sacrifice, les révélations de la douleur.

Oublier les clartés d'en haut; les rayons qui s'échappent de la tombe; les voix qui viennent de la terre, quand ce qu'on aimait le plus y a disparu.

Oublier qu'on a été l'objet d'une incomparable tendresse; qu'on a cru à l'immortalité de l'amour.

Oublier que l'enthousiasme a fait battre le cœur; que l'âme s'est émue devant la beauté de la nature; qu'elle s'est attendrie sur la fleur saisie par le froid, sur le nid où tombait la neige, sur le ruisseau qui coulait entre les arbres dépouillés.

Oublier! laisser le passé refermer ses abîmes sur la meilleure partie de soi-même! N'en rien garder! n'en rien retenir! Ceux qu'on a aimés, les voir disparaître de sa pensée comme de sa vie! les sentir tomber en poudre dans son cœur!

Non, la consolation n'est pas là!

7 juillet.

La consolation, c'est accepter la volonté de Dieu, c'est de songer à la joie du revoir, c'est de savoir que je l'ai aimé autant que je pouvais aimer.

Dans quelle délicieuse union nous vivions ensemble! Rien ne me coûtait pour lui plaire; mais je savais que les froissements involontaires sont inévitables, et pour en effacer toute trace, rarement je le quittais le soir, sans lui demander pardon. Chère et douce habitude qui me ramena vers lui, la veille de sa mort. Quand je pense à cette journée du 19! Quelles heureuses folles nous étions, Mina et moi! Jamais jour si douloureux eut-il une veille si gaie? Combien j'ai béni Dieu, ensuite, d'avoir suivi l'inspiration qui me portait vers mon père. Ce dernier entretien restera l'une des forces de ma vie.

Je le trouvai qui lisait tranquillement. Nox dormait à ses pieds devant la cheminée, où le feu allait s'éteindre. Je me souviens qu'à la porte, je m'arrêtai un instant pour jouir de l'aspect charmant de la salle. Il aimait passionnément la verdure et les fleurs et j'en mettais partout. Par la fenêtre ouverte, à travers le feuillage, j'apercevais la mer tranquille, le ciel radieux. Sans lever les yeux de son livre, mon père me demanda ce qu'il y avait. Je m'approchai, et m'agenouillant, comme je le faisais souvent devant lui, je lui dis que je ne pourrais m'endormir sans la certitude qu'aucune ombre de froideur ne s'était glissée entre nous, sans lui demander pardon, si j'avais eu le malheur de lui déplaire en quelque chose.

Je vois encore son air moitié amusé, moitié attendri. Il m'embrassa sur les cheveux, en m'appelant *sa chère folle*, et me fit asseoir pour causer. Il était dans ses heures d'enjouement, et alors sa parole, ondoyante et légère, avait un singulier charme. Je n'ai connu personne dont la gaieté se prît si vite.

Mais ce soir-là, quelque chose de solennel m'oppressait. Je me sentais émue sans savoir pourquoi. Tout ce que je lui devais me revenait à l'esprit. Il me semblait que je n'avais jamais apprécié son admirable tendresse. J'éprouvais un immense besoin de le remercier, de le chérir. Minuit sonna. Jamais glas ne m'avait paru si lugubre, ne m'avait fait une si funèbre impression. Une crainte vague et terrible entra en moi. Cette chambre si jolie, si riante me fit soudain l'effet d'un tombeau.

Je me levai pour cacher mon trouble et m'approchai de la fenêtre. La mer s'était retirée au large, mais le faible bruit des flots m'arrivait par intervalles. J'essayais résolument de raffermir mon cœur, car je ne voulais pas attrister mon père. Lui commença dans l'appartement un de ces va-et-vient qui étaient dans ses habitudes. *La fille du Tintoret* se trouvait en pleine lumière. En passant, son regard tombe sur ce tableau qu'il aimait, et une ombre douloureuse couvrit son visage. Après quelques tours, il s'arrêta devant et resta sombre et rêveur, à le considérer. Je l'observais sans oser suivre sa pensée. Nos yeux se rencontrèrent et ses larmes jaillirent. Il me tendit les bras et sanglota : «Ô mon bien suprême! ô ma Tintorella!»

Je fondis en larmes. Cette soudaine et extraordinaire émotion, répondant à ma secrète angoisse, m'épouvantait, et je m'écriai : «Mon Dieu, mon Dieu! que va-t-il donc arriver?»

Il se remit à l'instant, et essaya de me rassurer, mais je sentais les violents battements de son cœur, pendant qu'il répétait de sa voix la plus calme : «Ce n'est rien, ce n'est rien, c'est la sympathie pour le pauvre Jacques Robusti.»

Et comme je pleurais toujours et frissonnais entre ses bras, il me porta sur la causeuse au coin du feu; puis il alla fermer la fenêtre, et mit ensuite quelques morceaux de bois sur les tisons.

La flamme s'éleva bientôt vive et brillante. Alors revenant à moi, il me demanda pourquoi j'étais si bouleversée. Je lui avouai mes terreurs.

«Bah! dit-il légèrement, des nerfs.» Et comme j'insistais, en disant que lui aussi avait senti l'approche du malheur, il me dit :

«J'ai eu un moment d'émotion, mais tu le sais, Mina assure que j'ai une nature d'artiste.»

Il me badinait, me raisonnait, me câlinait, et comme je restais toute troublée, il m'attira à lui et me demanda gravement :

«Mon enfant, si, moi ton père, j'avais l'entière disposition de ton avenir, serais-tu bien terrifiée?»

Alors, partant de là, il m'entretint avec une adorable tendresse de la folie, de l'absurdité de la défiance envers Dieu.

Sa foi entrait en moi comme une vigueur. La vague, l'horrible crainte disparut. Jamais, non jamais je ne m'étais sentie si profondément aimée. Pourtant, je comprenais — et avec quelle lumineuse clarté — que rien dans les tendresses humaines ne peut faire soupçonner ce qu'est l'amour de Dieu pour ses créatures.

Ô mon Dieu, votre grâce me préparait au plus terrible des sacrifices. C'est ma faute, c'est ma très grande faute, si l'éclatante lumière qui se levait dans mon âme, n'a pas été croissant jusqu'à ce jour.

Chose singulière! le parfum de l'héliotrope me porte toujours à cette heure sacrée — la dernière de mon bonheur. Ce soir-là il en portait une fleur à sa boutonnière, et ce parfum est resté pour jamais mêlé aux souvenirs de cette soirée, la dernière qu'il ait passée sur la terre.

8 juillet.

Quand je vivrais encore longtemps, jamais je ne laisserai ma robe noire, jamais je ne laisserai mon deuil.

Après la mort de ma mère, il m'avait vouée à la Vierge, et d'aussi loin que je me rappelle j'ai toujours porté ses couleurs. Pourrait-elle l'oublier? C'est pour mes voiles d'orpheline que j'ai abandonné sa livrée, que je ne devais quitter qu'à mon mariage. Ces couleurs virginales plaisaient à tout le monde, à mon père surtout. Il me disait qu'il ne laissait jamais passer un jour sans rappeler à la sainte Vierge que je lui appartenais.

10 juillet.

Le mardi d'avant sa mort, de bonne heure, nous étions montés sur le cap. Rien n'est beau comme le matin d'un beau jour, et jamais ne n'ai vu le soleil se lever si radieux que ce matin-là. Autour de nous, tout resplendissait, tout rayonnait. Mais, indifférent à ce ravissant spectacle, mon père restait plongé dans une méditation profonde. Je lui demandai ce qu'il regardait en lui-même et répondant à ma question par une autre, comme c'était un peu son habitude, il me dit : «Penses-tu quelquefois à cet incendie d'amour que la vue de Dieu allumera dans notre âme?»

Je n'étais pas encore disposée à le suivre dans ces régions élevées, et je répondis gaiement : «En attendant, serrez-moi contre votre cœur».

— Ma pauvre enfant, reprit-il ensuite, nous sommes bien terrestres, mais tantôt ce tressaillement de la nature à l'approche du soleil m'a profondément ému, et toute mon âme s'est élancée vers Dieu.

L'expression de son visage me frappa. Ses yeux étaient pleins d'une lumière que je n'y avais jamais vue. Était-ce la lumière de l'éternité qui commençait à lui apparaître? Il en était si près — et avec quelle consolation je me suis rappelé tout cela, en écoutant le récit que saint Augustin nous a laissé, de son ravissement pendant qu'il regardait, avec sa mère, le ciel et la mer d'Ostie.

J'aime saint Augustin, ce cœur profond, qui pleura si tendrement sa mère et son ami. Un jour, en parlant à son peuple des croyances superstitieuses, le *fils de tant de larmes* disait : «Non, les morts ne reviennent pas» : et son âme aimante en donne cette touchante raison : «J'aurais revu ma mère».

Et moi pauvre fille, ne puis-je pas dire aussi : Les morts ne reviennent pas, j'aurais revu mon père. Lui, si tendre pour mes moindres chagrins, lui qui était comme une âme en peine dès qu'il ne m'avait plus.

Tant d'appels désolés, tant de supplications passionnées et toujours l'inexorable silence, le silence de la mort.

12 juillet.

J'aime à voir le soleil disparaître à travers les grands arbres de la forêt; la voilà déjà qui dépouille sa parure de lumière pour s'envelopper d'ombre. À l'horizon les nuages pâlissent. On dit beau comme un ciel sans nuages, et pourtant, que les nuages sont beaux lorsqu'il se teignent des feux du soir! Tantôt en admirant ces groupes aux couleurs éclatantes, je songeais à ce que l'amour de Dieu peut faire de nos peines, puisque la lumière en pénétrant de sombres vapeurs, en fait une merveilleuse parure au firmament.

Lorsqu'il fait beau à la tombée de la nuit, je me promène dans mon beau jardin — ce jardin si délicieux, disait Maurice, que les amoureux seuls y devraient entrer.

C'est charmant d'entendre les oiseaux s'appeler dans les arbres. Avant de regagner leurs nids, il y en a qui viennent boire et se baigner au bord du ruisseau. Ce ruisseau, qui tombe de la montagne avec des airs de torrent, coule ici si doux; c'est plaisir de suivre ces gracieux détours. On dirait qu'il ne peut se résoudre à quitter le jardin; j'aime ce faible bruit parmi les fleurs.

«Les images de ma jeunesse
S'élève avec cette voix :
Elles m'inondent de tristesse
Et je me souviens d'autrefois.»

13 juillet.

Mon serin s'ennuie; il bat de l'aile contre les vitres.

Pauvre petit! se sentir des ailes et ne pouvoir les déployer! Qui ne connaît cette souffrance? Qui ne connaît le tourment de l'impuissante aspiration?

15 juillet.

J'ai donné la ferme des Aulnets à Marie Desroches et cet acte m'a fait plaisir à signer. Qu'aurais-je fait de cette propriété? Je suis déjà trop riche peut-être, et d'ailleurs si sa mort eût été moins prompte, mon père, j'en suis convaincue, aurait laissé quelque chose à sa filleule qu'il affectionnait. Pour elle, cette ferme, c'est la vieillesse heureuse et paisible de son père, c'est l'avenir assuré. Aussi sa joie est belle à voir.

16 juillet.

Tous les dimanches après les vêpres, Paul et Marie viennent me voir, un peu, je pense, par affection pour moi, et beaucoup par tendresse pour le serin qui leur garde une nuance de préférence dont ils ne sont pas peu fiers.

Ces gentils enfants sont charmants dans leur toilette de première communion. Marie surtout est à croquer avec sa robe blanche et le joli chapelet bleu qu'elle porte en guise de collier. Paul commence à se faire à la voir si belle, mais les première fois il avait des éblouissements. Le jour de leur première communion, je les invitai à dîner, et les ayant laissés seuls un instant, je les trouvai qui s'entre-regardaient avec une admiration profonde. Ces aimables enfants m'apportent souvent de la corallorhize* pour les corbeilles. Marie conte fort bien leurs petites aventures.

L'autre jour, en allant chercher leur vache, ils s'étaient assis sur une grosse roche pour se reposer, quand une

_____

* Fleur qui croît parmi les mousses dans les forêts de sapin.

énorme couleuvre allongea sa tête hideuse de dessous la roche.

Marie crut sa dernière heure arrivée et se mit à courir; mais Paul conservant son sang-froid, la fit monter sur une clôture. Puis il marcha résolument vers la grosse roche, et lapida la couleuvre et ses petits. Il y en avait sept. Marie frémit encore en pensant qu'elle s'est trouvée si près d'un nid de couleuvres.

Depuis ce jour-là, son petit frère a pris pour elle les proportions d'un héros. «Il n'a peur de rien», dit-elle avec conviction, et Paul triomphe modestement.

J'aime ces enfants. Leur conversation me laisse quelque chose de frais et de doux. Bien volontiers, je contenterais toutes leurs petites envies, mais je craindrais que leurs visites ne devinssent intéressées; aussi pour l'ordinaire je ne leur donne qu'un peu de vin pour leur grand-mère. Ils s'en vont contents.

20 juillet.

Le jour éclatant m'assombrit étrangement, mais j'aime le demi-jour doré, la clarté tendre et douce du crépuscule.

Malgré la tristesse permanente au fond de mon âme, la beauté de la nature me plonge parfois dans des rêveries délicieuses. Mais il faut toujours finir par rentrer, et alors la sensation de mon isolement me revient avec une force nouvelle. Par moment, j'éprouve un besoin absolument irrésistible de revoir et d'entendre Maurice. Il me faut un effort désespéré pour ne pas lui écrire : Venez.

Et fidèle à sa parole il viendrait...

21 juillet.

N'aimait-il donc en moi que ma beauté? Ah! ce cruel étonnement de l'âme. Cela m'est resté au fond du cœur comme une souffrance aiguë, intolérable. Qu'est-ce que le temps, qu'est-ce que la raison peut faire pour moi? Je suis une femme qui a besoin d'être aimée.

Parfois, il me faut un effort terrible pour supporter les soins de mes domestiques. Et pourtant, ils me sont attachés, et la plus humble affection n'a-t-elle pas son prix?

Mon Dieu, que je sache me vaincre, que je ne sois pas ingrate, que je ne fasse souffrir personne.

23 juillet.

Temps délicieux. Pour la première fois, j'ai pris un bain de mer, ce qui m'a valu quelques minutes de sérénité. Autrefois, j'étais la première baigneuse du pays — la reine des grèves disait Maurice.

Depuis mon deuil, je n'avais pas revu ma cabane de bains, ni cet endroit paisible et sauvage où j'étais venue pour la dernière fois avec Mina. Je l'ai trouvé changé. La crique a toujours son beau sable, ses coquillages, ses sinuosités, et sa ceinture de rochers à fleur d'eau. Mais la jolie butte qui abritait ma cabane s'en va rongée par les hautes mers. Un cèdre est déjà tombé, et les deux vigoureux sapins dont j'aimais à voir l'ombre dans l'eau, minés par les vagues, penchent aussi vers la terre. Cela m'a fait faire des réflexions dont la tristesse n'était pas sans douceur. «Une montagne finit par s'écrouler en flots de poussière, et un rocher est enfin arraché de sa place. La mer creuse les pierres et consume peu à peu ses rivages. Ceux donc qui habitent des maisons de boue ne seront-ils pas beaucoup plus tôt consumés?

25 juillet.

J'aime me rapprocher des pauvres, des humbles, c'est-à-dire des forts qui portent si vaillamment de si lourds fardeaux. Souvent, je vais chez une pauvre femme restée sans autre ressource que son courage, pour élever ses trois enfants. La malheureuse a vu périr son mari presque sous ses yeux.

La mer a gardé le corps, mais quelques heures après le naufrage, la tempête jetait sur le rivage les débris de la barque avec les rames du pêcheur; et la veuve a croisé les rames, en travers des poutres, au-dessus de la croix de bois noir qui orne le mur blanchi à la chaux de sa pauvre demeure.

Cette jeune femme m'inspire un singulier intérêt. Jamais elle ne se plaint, mais on sent qu'elle a souffert. Pour elle le rude et incessant travail, les privations de toutes sortes, ne sont pas ce qu'il y a de plus difficile à supporter. Mais elle accepte tout. «Il faut gagner son paradis», me dit-elle parfois.

Il y a sur ce pâle et doux visage quelque chose qui fortifie, qui élève les pensées. Que de vertus inconnues brilleront au grand jour! Que de grandeurs cachées seront dévoilées chez ceux que le monde ignore ou méprise?

Un jour, Ignace de Loyola demanda à Jésus-Christ qui, dans le moment, lui était le plus agréable sur la terre, et Notre-Seigneur répondit que c'était une pauvre veuve qui gagnait, à filer, son pain et celui de ses enfants. Mon père trouvait ce trait charmant, et disait : «Quand je vois mépriser la pauvreté, je suis partagé entre l'indignation et l'envie de rire.»

26 juillet.

Longtemps, je me suis arrêtée à regarder la mer toute fine, haute et parfaitement calme. C'est beau comme le repos d'un cœur passionné. Pour bouleverser la mer il faut la tempête, mais pour troubler le cœur, jusqu'au fond, que faut-il! Hélas, un rien, une ombre. Parfois, tout agit sur nous, jusqu'à la fumée qui tremble dans l'air, jusqu'à la feuille que le vent emporte. D'où vient cela ? n'en est-il pas du sentiment comme de ces fluides puissants et dangereux qui circulent partout, et dont la nature reste un si profond mystère?

Dieu ne donne pas à tous la sensibilité vive et profonde. Ni la douleur ni l'amour ne vont avant dans bien des cœurs, et le temps y efface les impressions aussi facilement que le flot efface les empreintes sur le sable.

On dit que le cœur le plus profond finit par s'épuiser. Est-ce vrai? Alors c'est une pauvre consolation. Rien de la terre n'a jamais crû parmi les cendres... les bords du volcan éteint sont à jamais stériles. Pas une fleur, pas une mousse ne s'y verra jamais. La neige peut voiler l'affreuse nudité de la montagne; mais rien ne saurait embellir la vie qu'une flamme puissante a ravagée. Ces ruines sont tristes : ce que le feu n'y consume pas, il le noircit.

27 juillet.

Une dame très bien intentionnée a beaucoup insisté pour me voir, et m'a écrit qu'elle ne voudrait pas partir sans me laisser quelques paroles de consolation. Pauvre femme! elle me fait l'effet d'une personne, qui, avec une goutte d'eau douce au bout du doigt, croirait pouvoir adoucir l'amertume de la mer.

Qu'on me laisse en paix!

28 juillet.

C'est une chose étonnante comme ma santé s'améliore. Ma si forte constitution reprend le dessus, et souvent, je me demande avec épouvante, si je ne suis pas condamnée à vieillir — à vieillir dans l'isolement de l'âme et du cœur. Mon courage défaille devant cette pensée.

Pour me distraire, je fais tous les jours de longues promenades. J'en reviens fatiguée, ce qui fait jouir du repos. Mais qu'il est triste d'habiter avec un cœur plein une maison vide. Ô mon père, le jour de votre mort, le deuil est entré ici pour jamais. Parfois, je songe à voyager. Mais ce serait toujours aller où nul ne nous attend. D'ailleurs, je ne saurais m'éloigner de Valriant, où tout me rappelle mon passé si doux, si plein, si sacré.

Autant que possible je vis au dehors. La campagne est dans toute sa magnificence, mais c'est la maturité, et l'on dirait que la nature sent venir l'heure des dépouillements. Déjà elle se recueille, et parfois s'attriste, comme une beauté qui voit fuir la jeunesse et qui songe aux rides et aux défigurements.

2 août.

Aujourd'hui j'ai fait une promenade à cheval. Maintenant que mes forces me le permettent, je voudrais reprendre mes habitudes. D'ailleurs les exercices violents calment et font du bien.

En montant ce noble animal que mon père aimait, j'avais un terrible poids sur le cœur, mais la rapidité du galop m'a étourdie. Au retour j'étais fatiguée, et il m'a fallu mettre mon beau Sultan au pas. Alors les pensées me sont venues tristes et tendres.

Je regrette de n'avoir rien écrit alors que ma vie ressemblait à ces délicieuses journées de printemps, où l'air est si frais, la verdure si tendre, la lumière si pure. J'aurais du plaisir à revoir ces pages. J'y trouverais un parfum du passé. Maintenant le charme est envolé; je ne vois rien qu'avec des yeux qui ont pleuré. Mais il y a des souvenirs de bonheur qui reviennent obstinément comme ces épaves qui surnagent.

4 août.

Depuis ma promenade, ma pensée s'envole malgré moi vers la Malbaie. J'ai des envies folles d'y aller, et pourquoi? Pour revoir un endroit où j'ai failli me tuer. C'est au bord d'un chemin rocailleux, sur le penchant d'une côte; il y a beaucoup de cornouilliers le long de la clôture, et par-ci par-là quelques jeunes aulnes qui doivent avoir grandi.

Si Maurice passait par là se souviendrait-il? Et pourtant si j'étais morte alors, quel vide, quel deuil dans sa vie et dans son cœur!

C'était il y a trois ans. En revenant d'une excursion au Saguenay, nous nous étions arrêtés à la Malbaie. Mon père, Maurice et moi, aussi à l'aise à cheval que dans un fauteuil, nous faisions de longues courses, et un jour nous nous rendîmes jusqu'au Port-au-Persil sauvage et charmant endroit, qui se trouve à cinq ou six lieues de la Malbaie.

Au retour, l'orage nous surprit. La pluie tombait si fort que Maurice et moi nous décidâmes d'aller chercher un abri quelque part, et nous étions à attendre mon père, que nous avions devancé, quand un éclair sinistre nous brûla le visage. Presque en même temps, le tonnerre éclatait sur nos têtes et tombait sur un arbre, à quelques pas de moi. Nos chevaux épouvantés se cabrèrent violemment; je n'eus pas la force de maîtriser le mien — il partit. Ce fut une course folle, terrible. La respiration me manquait, les oreilles me bourdonnaient affreusement, j'avais le vertige. Pourtant, à travers les roulements du tonnerre, je distinguais la voix de Maurice qui me suivait de près, et me criait souvent : «N'ayez pas peur».

Je tenais ferme, mais au bas d'une côte, à un détour du chemin, mon cheval fit un brusque écart, se retourna, bondit par-dessus une grosse roche, et fou de terreur reprit sa course. Maurice avait sauté à terre et attendait. Quand je le vis s'élancer, je crus que le cheval allait le renverser; mais il le saisit par les naseaux et l'arrêta net. Ce moment d'angoisse avait été horrible. Toute ma force m'abandonna, les rênes m'échappèrent, je tombai.

D'un bond Maurice fut à côté de moi. Par un singulier bonheur, j'étais tombée sur des broussailles qui avaient amorti ma chute. Je n'avais aucun mal. J'étais seulement un peu étourdie.

Mon père arrivait à toute bride, mortellement inquiet. Il comprit tout d'un coup d'œil et, dans un muet transport, nous serra tous deux dans ses bras.

Ô mon Dieu, vous le savez, sa première parole fut pour vous remercier! Et la douceur de ce moment!

Brisée de fatigue et d'émotion j'étais absolument incapable de marcher. La pluie tombait toujours à torrents. Mon père m'enleva comme une plume et m'emporta à une maison voisine, où nous fûmes reçus avec un empressement charmant. J'étais mouillée jusqu'aux os; et dans la crainte d'un refroidissement, on me fit changer d'habits. Une jeune fille mit toutes ses robes à mon service. J'en pris une de flanelle blanche. Comme elle n'allait pas à ma taille, la maîtresse de céans ouvrit son coffre et en tira un joli petit châle bleu — son châle de noces — me dit-elle, en me l'ajustant avec beaucoup de soin.

«Vous l'avez parée belle, répétait sans cesse la digne femme, si vous étiez tombée sur les cailloux, vous étiez morte.»

— Oui défigurée pour la vie, ajoutait la jeune fille, qui avait l'air de trouver cela beaucoup plus terrible.

— Le monsieur qui a arrêté votre cheval est-il votre cavalier, me dit-elle à l'oreille?

Ma toilette finie, elle me présenta un petit miroir, et me demanda naïvement si je n'étais pas heureuse d'être si belle? — si j'aurais pu supporter le malheur d'être défigurée?

En sortant de la chambre, je trouvai mon père et Maurice. Oh! cette belle lumière qu'il y avait dans leurs regards. Malgré leurs habits dégoûtants d'eau, tous deux avaient l'air de bienheureux.

L'orage avait cessé. La campagne rafraîchie par la pluie resplendissait au soleil. La rosée scintillait sur chaque brin d'herbe, et pendait aux arbres en gouttes brillantes. L'air, délicieux à respirer, nous apportait en bouffées la saine odeur des foins fauchés, et la senteur aromatique des arbres. Jamais la nature ne m'avait paru si belle. Debout à la fenêtre, je regardais émue, éblouie. Ce lointain immense et magnifique, où la mer éblouissante se confondait avec le ciel, m'apparaissait comme l'image de l'avenir.

«Mon Dieu, pensais-je, qu'il fait bon de vivre!»

Assis sur un escabeau à mes pieds, Maurice me regardait, et bien bas, je lui dis : «Merci».

Une flamme de joie passa ardente sur son visage, mais il resta silencieux.

— Voyez-donc comme c'est beau, lui dis-je.

Il sourit et répondit dans cette langue italienne qu'il affectionnait : «Béatrice regardait le ciel, et moi je regardais Béatrice».

7 août.

Près de la Pointe aux Cèdres, dans un ravin sans ombrage, sans verdure, sans eau, deux jeunes époux sont venus s'établir. Ils ont acheté et réparé, tant bien que mal, une chétive masure qui tombait en ruines, et y vivent heureux. Le bonheur est au dedans de nous, et qui sait si la magie de l'amour ne peut pas rendre une pauvre cabane aussi agréable que la grotte de Calypso.

Il m'arrive souvent de passer par le ravin. Je porte à ces nouveaux mariés un intérêt dont ils ne se doutent guère. Cette après-midi, je voyais la jeune femme préparer son souper. Quant il fait beau, trois pierres disposées en trépied, auprès de sa porte, lui servent de foyer, et quelques branches sèches suffisent pour cuire le repas. Elle est attrayante, et porte ses cheveux blonds à la *suissesse,* en lourdes nattes sur le dos. C'est charmant de la voir assise sur une bûche devant son humble feu, et surveillant sa soupe, tout en tricotant activement. Je suppose qu'elle n'a pas d'horloge, car elle interroge souvent le soleil — ô charme de l'attente! Je me sens plus triste encore quand je la vois. Voudrais-je donc qu'il n'y eût plus d'heureux sur la terre? *Heureux!* oui ils le sont, car ils ont l'amour et tout est là.

Je leur ai fait dire de venir cueillir des fruits et des fleurs, aussi souvent qu'il leur plaira.

Ô Marie! tendez votre douce main à ceux que l'abîme veut engloutir. Ô vierge! ô Mère! ayez pitié.

17 août.

Si, une fois encore, je pouvais l'entendre, il me semble que j'aurai la force de tout supporter. Sa voix exerçait sur moi une délicieuse, une merveilleuse puissance; et, seule, elle put m'arracher à l'accablement si voisin de la mort où je restai plongée, après les funérailles de mon père.

Tant que j'avais eu sous les yeux son visage adoré, une force mystérieuse m'avait soutenue. Sa main, sa chère main, qui m'avait bénie, reposa jusqu'au dernier moment dans la mienne — elle était tiède encore quand je la joignis à sa main gauche qui tenait le crucifix. Dans une paix très amère, j'embrassais son visage si calme, si beau, et pour lui obéir même dans la mort, sans cesse je répétais : «Que la volonté de Dieu soit faite!»

Mais quand je ne vis plus rien de lui, pas même son cercueil, l'exaltation du sacrifice tomba. Sans pensées, sans paroles, sans larmes, incapable de comprendre aucune chose et de supporter même la lumière du jour, je passais les jours et les nuits, étendue sur mon lit, tous les volets de ma chambre fermés. Pendant que je gisais dans cet abattement qui résistait à tout, et ne laissait plus d'espoir, tout à coup une voix s'éleva douce comme celle d'un ange. Malgré mon état de prostration extrême, le chant m'arrivait, mais voilé, comme de très loin. Et le poids funèbre qui m'écrasait, se soulevait; je me ranimais à ce chant si tendre, si pénétrant.

Dans ma pensée enténébrée, c'était la voix du chrétien qui, du fond de la tombe, chantait ses immortelles tendresses et ses impérissables espérances; c'était la voix de l'élu qui, du haut du ciel, chantait les reconnaissances et les divines allégresses des consolés. Ce terrible silence de la mort, souffrance inexprimable de l'absence éternelle, il me semblait que l'amour de mon père l'avait vaincu et combien de fois j'ai désiré revivre cette heure. Cette heure inoubliable, si étrange et si douce, ou je me repris à la vie, bercée par une mélodie divine.

Le chant se continuait toujours. J'écoutais comme si le ciel se fut entrouvert et il vint un moment où j'aurais succombé, sous l'excès de l'émotion, sans les larmes qui soulagèrent mon cœur. Elles coulèrent en abondance, et à mesure qu'elles coulaient, je sentais en moi un apaisement très doux.

—Maurice, Maurice, sanglota Mina, elle est sauvée.

Alors le jour se fit dans mon esprit; je compris, et ensuite je demandai à voir Maurice.

—Il viendra, dit le docteur, qui tenait ma main dans la sienne, il viendra, si vous consentez à boire ceci et à laisser donner de la lumière.

Malgré l'affreux dégoût, j'avalai ce qu'il me présentait. On ouvrit les volets, et je tenais ma figure cachée dans les oreillers, pour ne pas voir la lumière du soleil qui me faisait horreur, parce que mon père ne la verrait plus jamais.

Maurice vint, et à genoux à côté de mon lit, il me parla, il me dit de ces paroles qu'aujourd'hui il chercherait en vain. Il me supplia de le regarder, et je ne pus résister à son désir.

—Ô ma pauvre enfant! ô ma chère aimée! gémit-il en apercevant mon visage.

Le sien était brûlé de larmes. Mina me parut aussi bien changée. Ils étaient tous deux en grand deuil, et je ne puis me reporter à cette heure, sans un attendrissement qui me fait tout oublier. Alors je sentais nos âmes inexprimablement unies. Je me sentais aimée — aimée avec cette infinie tendresse qui fait que le cœur tout entier s'émeut, se livre et s'écoule. Alors je croyais que la douleur partagée c'était une force vive qui mêlait à jamais les âmes.

Combien de fois, pour soulager mes tristesses, Maurice n'a-t-il pas chanté!

Maintenant, jamais plus je n'entendrai ce chant ravissant qui faisait oublier la terre — ce chant céleste qui consolait en faisant pleurer.

J'ai rêvé que je l'entendais chanter : «Ton souvenir est toujours là» et depuis... ô folie! folie!

Je ne suis rien pour lui. Il ne m'aime plus; il ne m'aimera plus jamais.

Pourtant, au moment de partir, de me quitter pour toujours, il m'a dit : «Angéline, si vous revenez sur cette injuste, sur cette folle décision, vous n'aurez qu'à me l'écrire. Souvenez-vous-en.»

Non, je ne le rappellerai pas! Sans doute il viendrait, mais on ne va pas à l'autel couronnée de roses flétries.

Être aimée comme devant ou malheureuse à jamais.

On me répète toujours qu'il faudrait me distraire. *Me distraire*! Et comment? Ah! on comprend bien peu l'excès de ma misère. La vie ne peut plus être pour moi qu'une solitude affreuse, qu'un désert effroyable. Que me fait le monde entier puisque je ne le verrai plus jamais?

Comme un sentiment puissant nous dépouille, nous enlève à tout! Voilà pourquoi l'amour bien dirigé fait les saints.

Que Dieu ait pitié de moi! Il m'est bien peu de chose, et c'est à peine si la pensée de son amour dissipe un instant ma tristesse. Pour moi, cette pensée, c'est l'éclair fugitif dans la nuit noire.

21 août.

Je suis restée longtemps à regarder mon portrait, et cela m'a laissée dans un état violent qui m'humilie.

Quand j'avais la beauté, je m'en occupais très peu. L'éloignement du monde, l'éducation virile que j'avais reçue, m'avaient préservée de la vanité.

Mon père disait qu'aimer une personne pour son extérieur, c'est comme aimer un livre pour sa reliure. Lorsqu'il y avait quelque mort dans le voisinage : «Viens, me disait-il, viens voir ce qu'on aime, quand on aime son corps!»

Mais si fragile, si passagère qu'elle soit, la beauté n'est-elle pas un grand don?

23 août.

Ah! la tristesse de ces murs. Par moments, il me semble qu'il suintent la tristesse et le froid. Et pourtant, j'aime cette maison où j'ai été si heureuse — chère maison où le deuil est entré pour jamais!

«Mais malheur à qui, dans le calme de son cœur, peut désirer mourir tant qu'il lui reste un sacrifice à faire, des besoins à prévenir, des larmes à essuyer!»

24 août.

Il fait un grand vent accompagné de pluie. Toutes les fenêtres sont fermées et seule devant la cheminée, *je regarde le feu qui brûle à petit bruit, et j'écoute mugir l'aquilon de la nuit».

La voix de la mer domine toutes les autres. Les grandes vagues qui retentissent et qui approchent m'inondent de tristesse.

En mettant quelques papiers en ordre, j'ai trouvé un affreux croquis de Maurice, qui m'a rappelé au vif une des heures les plus gaies de ma vie.

Comme c'est loin! Ces souvenirs gais, lorsqu'ils m'en vient, me font l'effet de ces pauvres feuilles décolorées qui pendent aux arbres, oubliées par les vents d'automne.

Que veut dire Mina! Je n'ose approfondir ses paroles, ou plutôt j'ai toujours sa lettre sous les yeux, et j'y pense sans cesse. Songe-t-il? Non, je ne saurais l'écrire! Et ne devais-je pas m'y attendre! N'est-il pas libre? Ne lui ai-je pas rendu malgré lui sa parole!

Qui sait jusqu'à quel point un homme peut pousser l'indifférence et l'oubli?

(Angéline de Montbrun à Mina Darville)

Chère Mina,

Je voulais attendre une heure de sérénité pour vous répondre; mais cela me mènerait trop loin. Et d'ailleurs, Marc, malade depuis quelque temps, désire que vous en soyez informée. «Je lui ai sellé son cheval bien des fois, me disait-il tantôt, et j'avais tant de plaisir à faire ses commissions.»

Il aime à parler de vous, et finit toujours par dire, philosophiquement : «Qui est-ce qui aurait pensé ça, qu'une si jolie mondaine ferait une religieuse?»

J'incline à croire qu'il se représentait les religieuses comme ayant toujours marché les yeux baissés, et toujours porté de grands châles, en toute saison. Votre vocation a bouleversé ses idées.

Chère amie, vous me conseillez les voyages puisque ma santé le permet. J'y pense un peu parfois, mais vraiment, je ne saurais m'arracher d'ici. Mon cœur y a toutes ses racines.

D'ailleurs, il me semble que le travail régulier, sérieux, soutenu, est un plus sûr refuge que les distractions. Malheureusement, se faire des occupations attachantes c'est parfois terriblement difficile. Mais comme disait mon père, une volonté ferme peut bien des choses. Moi, je veux rester digne de lui. Ai-je besoin de vous dire que je m'occupe beaucoup des malheureux. Et, grand Dieu! que deviendrais-je si le malheur ne faisait pas aimer ceux qui souffrent? mais il y a ce superflu de tendresse dont je ne sais que faire.

La solitude du cœur est la souveraine épreuve.

Vous avez raison, la position de votre frère est bien triste. Ne songe-t-il pas à la changer? et qui pourrait l'en blâmer? Chère sœur de mes larmes, veuillez croire que dans le meilleur de mon cœur, je souhaite qu'il oublie et qu'il soit heureux.

28 août.

Pourquoi la pensée qu'il en aime une autre me bouleverse-t-elle à ce point? Voudrais-je donc qu'il se condamnât à une vie d'isolement et de tristesse? Ne suis-je pas injuste, déraisonnable, de le tenir responsable de l'involontaire changement de son cœur? changement qu'il eût voulu cacher à tous les yeux — qu'il eût voulu se cacher à lui-même.

Pauvre Maurice! Et pourtant qu'il m'a aimée! Ne serait-ce pas la preuve d'une grande pauvreté de cœur, d'oublier toujours ce que j'en ai reçu, pour songer à ce qu'il aurait pu me donner de plus?

29 août.

Rien n'est impossible à Dieu. Il pourrait m'arracher à cet amour qui fait mon tourment.

Montalembert raconte que sa chère sainte Élizabeth pria Dieu de la débarrasser de son extrême tendresse pour ses enfants. Elle fut exaucée et disait : «Mes petits enfants me sont devenus comme étrangers.»

Mais je ne ferai jamais une si généreuse prière. Quand j'en devrais mourir — je veux l'aimer.

30 août.

Oui, c'étaient de beaux jours. Jamais l'ombre d'un doute, jamais le moindre sentiment de jalousie n'approchait de nous, et, quoi qu'on en dise, la sécurité est essentielle au bonheur. Beaucoup, je le sais, n'en jugent pas ainsi; mais un amour inquiet et troublé me paraît un sentiment misérable. Du moins, c'est une source féconde de douleurs et d'angoisses. Je hais les dépits, les soupçons, les coquetteries, et tout ce qui tourmente le cœur.

Maurice pensait comme moi. La veille de son départ pour l'Europe, il me dit — avec quelle noblesse : *«Je ne redoute de votre part ni inconstance ni soupçons. Je crois en vous, et je sais que vous croyez en moi».*

Oui, je croyais en lui. Que n'y ai-je toujours cru? Sa parole donnée, c'était la servitude fière et profonde; mais il est triste de n'avoir que des cendres dans son foyer.

31 août.

«Tu m'appelles ta vie, appelle-moi ton âme,
Je veux un nom de toi qui dure plus d'un jour.
La vie est peu de chose, un souffle éteint sa flamme.
Mais l'âme est immortelle, ainsi que notre amour.»

Alors, il croyait en son cœur comme au mien; il ne comprenait pas que l'amour pût finir. Mais cette tendresse, qui se croyait immortelle, s'est changée en pitié — et la pitié d'un homme, qui en voudrait?

D'ailleurs, ce triste reste ne m'est pas assuré. Bientôt, que serai-je pour lui? Une pensée importune, un souvenir pénible, qui viendra le troubler dans son bonheur. *Son bonheur!* Non, il ne saurait être heureux. Il est libre comme un forçat qui traînerait partout les débris de sa chaîne.

L'ombre du passé se lèvera sur toutes ses joies, ou plutôt, il ne saurait en avoir qui méritent ce nom. Quand on a reçu ce grand don de la sensibilité profonde, on ne peut guère s'étourdir, encore moins oublier. N'arrache pas qui veut le passé dans son cœur. On ne dépouille pas ses souvenirs comme un vêtement fané. Non, c'est la robe sanglante de Déjanire, qui s'attache à la chair et qui brûle.

1er septembre.

Que je voudrais voir Mina!

Il est huit heures. Pour elle, l'office du soir vient de finir et voici l'heure du repos. Que cette vie est calme! Quelle est douce comparée à la mienne! Autrefois, gâtée par le bonheur, je ne comprenais pas la vie religieuse, je ne m'expliquais pas qu'on pût vivre ainsi, l'âme au ciel et le corps dans la tombe. Maintenant, je crois la vocation religieuse un grand bonheur.

Sa dernière journée dans le monde, Mina voulut la passer seule avec lui et avec moi. Quelle journée! Nous étions tous les trois parfaitement incapables de parler. Quand l'heure de son départ approcha, nous prîmes notre dernier repas ensemble ou plutôt nous nous mîmes à table, car nul de nous ne mangea. Ensuite, Mina fit toute seule le tour de sa chère maison des Remparts, puis nous partîmes. Elle désira entrer à la Basilique. L'orgue jouait, et l'on chantait le *Benedicite*, sur un petit cercueil orné de fleurs. Ce chant me fit du bien. Je sentis que l'entrée en religion est comme la mort des petits enfants; déchirante à la nature mais, aux yeux de la foi, pleine d'ineffables consolations et de saintes allégresses.

À notre arrivée aux Ursulines, il n'y avait personne. Mina me fit avancer sous le porche, releva son voile de deuil, et me regarda longtemps avec une attention profonde.

— Comme vous lui ressemblez! dit-elle douloureusement.

Elle s'éloigna un peu, et tournée vers la muraille, elle

pleura. Cette faiblesse fut courte. Elle revint à nous, pâle, mais ferme.

—J'aurais voulu rester avec vous jusqu'à votre mariage, dit-elle avec effort; mais c'est au-dessus de mes forces.

Elle réunit nos mains dans les siennes et continua tendrement.

—Vous vous aimez, et le sang du Christ vous unira. Puis, s'adressant à moi :

—N'exigez pas de lui une perfection que l'humanité ne comporte guère. Promettez-moi de l'aimer toujours et de le rendre heureux.

—Chère sœur, répondis-je fermement, je vous le promets.

—Et toi, Maurice, reprit-elle, aie pour elle tous les dévouements, toutes les tendresses. Souviens-toi qu'il te l'a confiée! Et sa voix s'éteignit dans un sanglot.

—Malheur à moi, si je l'oubliais jamais, dit Maurice, avec une émotion profonde.

Elle sonna. Bientôt les clefs grincèrent dans la serrure, et la porte s'ouvrit à deux battants. Mina, pâle comme une morte, m'embrassa fortement sans prononcer une parole. Son frère pleura sur elle, et la retint longtemps dans ses bras.

—Maurice, dit-elle enfin, il le faut. Et s'arrachant à son étreinte, elle franchit le seuil du cloître et sans détourner la tête, disparut dans le corridor.

Les religieuses nous dirent quelques mots d'encouragement que je ne compris guère. Puis la porte roula sur ses gonds, et se referma avec un bruit que je trouvai sinistre. Le cœur horriblement serré, nous restions là.

—Ô mon amie, me dit enfin Maurice, je n'ai plus que vous!

Cette séparation l'avait terriblement affecté. Mieux que personne, je comprenais la grandeur de son sacrifice, et mon cœur saignait pour lui. Je lui proposai une promenade à pied, croyant que l'exercice lui ferait du bien. Il renvoya sa voiture, et nous prîmes la Grande-Allée. Le froid était intense, la neige criait sous nos pas, mais le ciel était admirablement pur. Ni l'un ni l'autre, nous n'étions en état de parler. Seulement, de temps à autre, Maurice me demandait si je voulais retourner, si je n'avais pas froid... Et il mettait dans les attentions les plus banales, quelque chose de si doux, une sollicitude si tendre, que j'en restais toujours charmée.

En revenant, nous arrêtâmes aux Ursulines, pour voir Mina déjà habillée en postulante, et restée charmante, malgré la coiffe blanche et la queue de poëlon. Elle pleura comme nous. Les grilles me firent une impression bien pénible, et pourtant, que cette demi-séparation me semblait douce, quand je pensais à mon père que je ne verrais plus, que je n'entendrais plus jamais qui était là tout près, couché sous la terre. Plusieurs années auparavant, dans ce même parloir des Ursulines, avec quelle douleur, avec quelles larmes, je lui avais dit adieu pour quelques mois. Tous ces souvenirs me revenaient et me déchiraient le cœur. «Maintenant pensais-je, je sais ce que c'est que la séparation.»

Ce soir-là, je fis un grand effort, pour surmonter ma tristesse et réconforter Maurice. Assis sur l'ottomane, qu'on nous laissait toujours dans le salon de ma tante, nous causâmes longtemps. L'expression si triste et si tendre de ses yeux m'est encore présente.

Alors, je savais que mon existence était profondément modifiée — que je ne pourrais plus être heureuse — parce qu'au plus profond du cœur, j'avais une plaie qui ne se guérirait jamais. Mais je croyais à son amour, et c'était encore si doux!

2 septembre.

Mon vieux Marc est toujours faible. Je l'ai trouvé assis devant sa fenêtre, et regardant le cimetière dont les hautes herbes ondoyaient au vent :

«Mes parents sont là, m'a-t-il dit, et bien vite, j'y serai couché moi-même.»

Ces paroles m'ont émue. Lorsqu'on y a mis ce qu'on

aimait le plus, le cœur s'incline si naturellement vers la terre. Tous nous irons habiter la *maison étroite*, et, en attendant, ne saurait-on avoir patience? La vie la plus longue ne dure guère. *Hier enfant et demain vieillard!* disait Silvio Pellico. Cette fuite effrayante de nos joies et de nos douleurs devrait rendre la résignation bien facile. *Ô mes dix années de chaînes, comme vous avez passé vite!* disait encore l'immortel prisonnier.

Pauvre Silvio! qui n'a pleuré sur lui? Son livre si simple et si vrai laisse une de ces impressions que rien n'efface, car le plus irrésistible de nos sentiments c'est l'admiration jointe à la pitié.

En me mettant *Mio Pigrioni* entre les mains, mon père me dit : «Livre admirable qui apprend à souffrir». Apprendre à souffrir, c'est ce qui me reste.

Suivant Charles Sainte-Foi, un bon livre devrait toujours former un véritable lien entre celui qui l'écrit et celui qui le lit. J'aime cette parole dont j'avais senti la vérité, bien avant de pouvoir m'en rendre compte, et, des écrivains dignes de ce nom, ce n'est pas la gloire que j'envierais, mais les sympathies qu'ils inspirent.

Quand je passe par les champs, je ne puis m'empêcher d'envier les faucheurs courbés sous le poids du jour et de la chaleur. J'en vois, oublieux de leurs fatigues affiler leurs faux, en chantant. Que cette rude vie est saine! J'aime cette forte race de travailleurs que mon père aimait.

Souvent, je pense avec admiration à sa vie si active, si laborieuse. Riche comme il l'était, quel autre que lui se fût assujetti à un si énergique travail! Mais il avait toute mollesse en horreur, et croyait qu'une vie dure est utile à la santé de l'âme et du corps.

D'ailleurs, il jouissait en artiste des beautés de la campagne. «Non, disait-il parfois, on ne saurait entretenir des pensées basses, lorsqu'on travaille sous ce ciel si beau.»

Ô mon père, je suis votre bien indigne fille, mais faites qu'au moins je sache dire : «Non, je n'entretiendrai pas des pensées de désespoir sous ce ciel si beau».

4 septembre.

C'est là , dans cette délicieuse solitude, qu'il m'a dit pour la première fois : «Je vous aime».

Je vous aime! cri involontaire de son cœur, qui vint troubler le mien.

Mon père, Mina, Maurice et moi, tous nous avions un faible pour cet endroit solitaire et charmant. Que de fois nous y sommes allés ensemble. Ces beaux noyers ont entendu bien des éclats de rire. Maintenant mon père est dans sa tombe, Mina dans son cloître, et moi vivante, Maurice n'y reviendra jamais! Il disait de cette belle mousse qu'on devrait se reprocher d'y marcher, que fouler les fleurs qui s'y cachent, c'est une insulte à la beauté.

Ce soir, tout était délicieusement frais et calme autour de l'étang. Pas le moindre vent dans les arbres; pas une ride sur ces eaux transparentes, glacées de rose. Couchée sur la mousse, je laissais flotter mes pensées, mais je ne sentais rien, rien que lassitude profonde de l'âme.

5 septembre.

Pauvre folle que je suis! J'ai relu ses lettres, et tout cela sur mon âme c'est la flamme vive sur l'herbe desséchée.

6 septembre.

Pourquoi tant regretter son amour? «Ma fille, disait le vieux missionnaire à Atala, il vaudrait autant pleurer un songe. Connaissez-vous le cœur de l'homme, et pourriez-vous compter les inconstances de son désir? Vous calculeriez plutôt le nombre des vagues que la mer roule dans une tempête!»

8 septembre.

Comme on reste enfant! Depuis hier je suis folle de regrets, folle de chagrin. Et pourquoi? Parce que le vent a renversé le frêne sous lequel Maurice avait coutume de s'asseoir avec ses livres. J'aimais cet arbre qui l'avait abrité si souvent, alors qu'il m'aimait comme une femme rêve d'être aimée. Que de fois n'y a-t-il pas appuyé sa tête brune et pâle! «De sa nature, l'amour est rêveur», me disait-il parfois.

Cet endroit de la côte, d'où l'on domine la mer, lui plaisait infiniment, et le bruit des vagues l'enchantait. Aussi il y passait souvent de longues heures. Il avait enlevé quelques pouces de l'écorce du frêne, et gravé sur le bois, entre nos initiales, ce vers de Dante :

Amor chi a nullo amato amar perdona*.

Amère dérision maintenant! et pourtant ces mots gardaient pour moi un parfum du passé. J'aurais donné bien des choses pour conserver cet arbre consacré par son souvenir. La dernière fois que j'en approchai, une grosse araignée filait sa toile, sur les caractères que sa main a gravés, et cela me fit pleurer. Je crus voir l'indifférence hideuse travaillant au voile de l'oubli. J'enlevai la toile, mais qui relèvera l'arbre tombé — renversé dans toute sa force, dans toute sa sève?

Le cœur se prend à tout, et je ne puis dire ce que j'éprouve, en regardant la côte où je n'aperçois plus ce bel arbre, ce témoin du passé. J'ai fait enlever l'inscription. Lâcheté, mais qu'y faire?

Pendant ce temps, il est peut-être très occupé d'une autre.

10 septembre.

Ma tante m'écrit qu'il est en voie de se distraire.

Ces paroles m'ont rendue parfaitement misérable. Pourquoi ne pas me dire toute la vérité? Pourquoi m'obliger de la demander? Non je ne supporterai pas cette incertitude.

Mon Dieu, qu'est devenu le temps où je vous servais

---

* L'amour impose à qui est aimé d'aimer en retour.

dans la joie de mon cœur? Beaux jours de mon enfance qu'êtes-vous devenus?

Alors le travail et les jeux prenaient toutes mes heures. Alors je n'aimais que Dieu et mon père. C'étaient vraiment les jours heureux.

Ô paix de l'âme! ô bienheureuse ignorance des troubles du cœur, où vous n'êtes plus le bonheur n'est pas.

11 septembre.

Je travaille beaucoup pour les pauvres. Quand mes mains sont ainsi occupées, il me semble que Dieu me pardonne l'amertume de mes pensées, et je maîtrise mieux mes tristesses.

Mais aujourd'hui, je me suis oubliée sur la grève. Debout dans l'angle d'un rocher, le front appuyé sur mes mains, j'ai pleuré librement, sans contrainte, et j'aurais pleuré longtemps sans ce bruit des vagues qui semblait me dire : la vie s'écoule. Chaque flot en emporte un moment.

Misère profonde! il me faut la pensée de la mort pour supporter la vie. Et suis-je plus à plaindre que beaucoup d'autres? J'ai passé des chemins si beaux, si doux, et sur la terre, il y en a tant qui n'ont jamais connu le bonheur, qui n'ont jamais senti une joie vive.

Que d'existences affreusement accablées, horriblement manquées.

Combien qui végètent sans sympathies, sans affection, sans souvenirs! Parmi ceux-là, il y en a qui auraient aimé avec ravissement, mais les circonstances leur ont été contraires. Il leur a fallu vivre avec des natures vulgaires, médiocres, également incapables d'inspirer et de ressentir l'amour.

Combien y en a-t-il qui aiment comme ils voudraient aimer, qui sont aimés comme ils le voudraient être? Infiniment peu. Moi, j'ai eu ce bonheur si rare, si grand, j'ai vécu d'une vie idéale, intense. Et cette joie divine, je l'expie par d'épouvantables tristesses, par d'inexprimables douleurs.

Une hémorragie des poumons a mis tout à coup ce pauvre Marc dans un grand danger.

Je l'ai trouvé étendu sur son lit, très faible, très pâle, mais ne paraissant pas beaucoup souffrir. «Je m'en vas, ma chère petite maîtresse», m'a-t-il dit tristement.

Le docteur intervint pour l'empêcher de parler. «C'est bon, dit-il, je ne dirai plus rien, mais qu'on me lise la Passion de Notre-Seigneur.»

Il ferma les yeux et joignit les mains pour écouter la lecture. L'état de ce fidèle serviteur me touchait sensiblement, mais je ne pouvais m'empêcher d'envier son calme.

Tout en préparant la table qui allait servir d'autel, je le regardais souvent, et je pensais à ce que mon père me contait du formidable effroi que ma mère ressentit lorsqu'elle se vit, toute jeune et toute vive, entre les mains de la mort. Son amour, son bonheur lui pesait comme un remords.

«J'ai été trop heureuse, disait-elle en pleurant, le ciel n'est pas pour ceux-là.»

Mais lorsqu'elle eut communié, ses frayeurs s'évanouirent. «Il a souffert pour moi, répétait-elle, en baisant son crucifix.»

Mon père s'attendrissait toujours à ce souvenir. Il me recommandait de remercier Notre-Seigneur de ce qu'il avait si parfaitement rassuré, si tendrement consolé ma pauvre jeune mère à son heure dernière. «Moi, disait-il, je ne pouvais plus rien pour elle.»

Horrible impuissance, que j'ai sentie à mon tour. Quand il agonisait sous mes yeux, que pouvais-je? Rien... qu'ajouter à ses accablements et à ses angoisses. Mais en apprenant que son heure était venue, il demanda son viatique, et le vainqueur de la mort vint lui adoucir le passage terrible. Il vint l'endormir avec les paroles de la vie éternelle. Qu'il en soit béni, à jamais, éternellement béni!

Paix, dit le prêtre quand il entre avec le Saint-Sacrement, paix à cette maison et à tous ceux qui l'habitent!

Je suis donc comprise dans ce souhait divin que l'église

a retenu de Jésus-Christ. Ah! la paix! j'irais la chercher dans le désert le plus profond, dans la plus aride solitude.

Ce matin, a demi cachée dans l'ombre, j'ai assisté à tout, et comme je me prosternais pour adorer le Saint-Sacrement, il se répandit dans mon cœur une foi si vive, si sensible. Il me semblait sentir sur moi le regard de Notre-Seigneur et depuis...

Ô maître du sacrifice sanglant! je vous ai compris. Vous voulez que les idoles tombent en poudre devant vous. Mais ne suis-je pas assez malheureuse? N'ai-je pas assez souffert? Oh! laissez-moi l'aimer dans les larmes, dans la douleur. Ne commandez pas l'impossible sacrifice, ou plutôt Seigneur tout-puissant, Sauveur de l'homme tout entier, ce sentiment où j'avais tout mis, sanctifiez-le qu'il s'élève en haut comme la flamme, et n'y laissez rien qui soit *du domaine de la mort.*

15 septembre.

Marc est mort hier. La veille il semblait mieux. Nous avons eu un assez long entretien ensemble. Il me rappelait mon enfance, mon beau poney dont il était aussi fier que moi.

Son vieux cœur de cocher se ranimait à ces souvenirs. Nous étions presque gais — du moins j'essayais de le paraître — mais quand je lui ai parlé de son rétablissement, il m'a arrêtée avec un triste sourire, et m'a demandé naïvement : «Avez-vous quelque chose à lui faire dire?»

Cette parole m'a fait pleurer, et j'ai répondu avec élan : «Dites-lui que je l'aime plus qu'autrefois. Dites-lui qu'il ait pitié de sa pauvre fille!»

Il serra mes mains entre ses mains calleuses, et reprit avec calme : «Ma chère petite maîtresse, je sais que la terre vous paraît aussi vide qu'une coquille d'œuf, je sais que la vie vous semble bien dure. Mais croyez-moi, c'est l'affaire d'un moment. La vie passe comme un rêve.»

Pauvre Marc! la sienne est finie. Je l'ai assistée jusqu'à

la fin. Non, Dieu n'a point fait la mort — la mort qui sépare — la mort si terrible même à ceux qui espèrent et qui croient.

18 septembre.

C'est fini. Je ne verrai plus cet humble ami, cet honnête visage que je retrouve dans la brume de mes souvenirs. Je l'ai veillé religieusement, comme il l'avait fait pour mes parents, comme il l'eût fait pour moi-même, et maintenant je dis de tout mon cœur avec l'église : Qu'il repose en paix!

Oh! qu'elle est profonde cette paix du cercueil; comme elle attire les cœurs fatigués de souffrir. Et pourtant, la mort reste terrible à voir en face!

Ces angoisses de l'agonie, cette séparation pleine d'horreur!

«C'est la mort qui nous revêt de toutes choses, mais, comme ajoute saint Paul, «nous voudrions être revêtus par-dessus», et le dépouillement de notre mortalité, cette dissolution d'une partie de nous-mêmes reste le grand châtiment du péché.

Ah! quand même l'Église n'en dirait rien, mon cœur m'apprendrait que Jésus-Christ n'a pas abandonné sa mère à la corruption du tombeau.

Ô Dieu, que n'aurais-je pas fait pour en préserver mon père! Mais il faut que la sentence s'exécute, il faut retourner en poussière. Et pourtant malgré les tristesses de la tombe, c'est là que ma pensée se réfugie et se repose — là sur le «lit préparé dans les ténèbres» — où chacun prend place à son tour.

«Patrie de mes frères et de mes proches, mes paroles sur toi sont des paroles de paix.»

(Angéline de Montbrun à Mina Darville)

Chère Mina,

Encore la grande leçon de la mort. Ce pauvre Marc nous a quittés. C'est un vide. Il était de la maison avant moi. J'aimais à voir cette bonne tête respectable qui avait blanchi au service de mon père.

Vous vous rappelez qu'à sa mort, il ne voulut jamais prendre aucun repos. J'y songeais en l'assistant; je le revoyais les yeux rouges de larmes, et le chapelet dans sa rude main.

Vous ne sauriez croire, comme ces cierges qui brûlaient, ces prières récitées autour de moi, me reportaient à notre veille si douloureuse, si sacrée. Chère sœur, on m'accuse de m'être refusée à toute distraction, et pourtant j'ai fait de grands efforts. Mais quand j'essayais de me reprendre à la vie, de m'intéresser à quelque chose, ce murmure des prières récitées autour de son cercueil me revenait infailliblement et me rendait sourde à tout.

Qu'est-ce que je pouvais pour soulever le poids de tristesse qui m'écrasait? J'aurais tout aussi bien reculé une montagne avec la main.

Non, je ne crois pas avoir de grands reproches à me faire. Dieu m'a fait cette grâce de ne jamais murmurer contre sa volonté sainte. Qu'il en soit béni!

Un jour, je l'espère du plus profond de mon cœur, je le remercierai de tout. Sur son lit de mort, mon fidèle serviteur remerciait Dieu de l'avoir fait naître et vivre pauvre.

Et n'y a-t-il pas aussi une bienheureuse pauvreté de cœur, n'y a-t-il pas aussi un détachement qui vaut mieux que toutes les tendresses? Mais c'est la mort de la nature; et, devant celle-là comme devant l'autre, tout, en nous, se révolte.

Sûrement, Mina, vous n'avez pas oublié le pauvre *Gris* dont Marc était si fier. Avons-nous ri, quand vous recommenciez toujours à l'interroger, sur le fameux voyage qu'il contait si volontiers et avec tant d'art! Le *Gris* est bien infirme maintenant, ce qui n'avait pas diminué la tendresse de Marc. Le jour de sa mort, il se le fit amener devant la fenêtre, et c'était touchant de le voir s'attendrir sur le pauvre cheval, qu'il nommait «son vieux compagnon».

Mon amie, je ne saurais blâmer votre frère de chercher à se distraire. Il doit en avoir grand besoin. Pauvre Maurice! Mais au vent les nuages se dissipent.

Vous ai-je dit que Marc s'est recommandé à votre souvenir? Je vous avoue qu'en l'accompagnant au cimetière, j'aurais voulu voir s'ouvrir pour moi les portes de cet asile de la paix, mais ce n'est pas ici que je dormirai mon sommeil. C'est dans votre église, tout près de vous et à côté de lui.

En attendant, il faut vivre, et je n'en suis pas peu en peine. Mes repas solitaires me sont une rude pénitence. Les vôtres me paraîtraient aussi bien longs. Être rangées sur une ligne, tout autour d'un grand réfectoire, c'est terriblement monastique. Qu'il est loin le temps où nous mangions ensemble le pain béni de la gaieté!

Votre sœur.

Angéline.

19 septembre.

Demain... le troisième anniversaire de sa mort.

Je crois à la communion des saints, je crois à la résurrection de la chair, je crois à la vie éternelle. Je crois, mais ces ténèbres qui couvrent l'autre vie sont bien profondes.

Quand je revins ici, quand je franchis ce seuil où *son corps* venait de passer, je sentais bien que le deuil était entré ici pour jamais. Mais alors une force merveilleuse me soutenait.

Oh! la grâce, la puissante grâce de Dieu.

Sans doute, la douleur de la séparation était là terrible et toute vive. Cette robe noire que Mina me fit mettre... Jamais ne n'avais porté du noir, et un frisson terrible me secoua toute. Ce froid de la mort et du sépulcre, qui courait dans toutes mes veines, m'a laissé un souvenir horrible. Mais au fond de mon âme, j'étais forte, j'étais calme, et avec quelle ardeur je m'offrais à souffrir tout ce qu'il devait à la justice divine!

Combien de fois, ensuite, n'ai-je pas renouvelé cette prière! Quand l'ennui me rendait folle, j'éprouvais une sorte de consolation à m'offrir pour que lui fût heureux.

Mais nos sacrifices sont toujours misérables, et bien indignes de Dieu. Bénie soit la divine condescendance de Jésus-Christ qui supplée par le sien à toutes nos insuffisances. Adorable bonté! Comment daigne-t-il m'entendre quand je lui dis : pour lui! pour lui!

Ô mon Dieu, soyez béni! Tous les jours de ma vie je prierai pour mon père. Mieux que personne, pourtant je connaissais son âme. Je sais que sous des dehors charmants il cachait d'admirables vertus et des renoncements austères. Je sais que sa fière conscience ne transigeait point avec le devoir. Pour lui, *l'ensorcellement de la bagatelle* n'existait pas; il n'avait rien de cet esprit du monde que Jésus-Christ a maudit, et il avait toutes les fiertés, toutes les délicatesses d'un chrétien. Mais que savons-nous de l'adorable pureté de Dieu?

Si réglé qu'il soit, un cœur ardent reste bien immodéré. Il est si facile d'aller trop loin, par entraînement, par enivrement. Ne m'a-t-il pas trop aimée? Bien des fois, je me le suis demandé avec tristesse.

Mais je sais avec quelle soumission profonde il a accepté la volonté de Dieu qui nous séparait. Puis — ô consolation suprême! — il est mort entre les bras de la sainte Église, et c'est avec cette mère immortelle que je dis chaque jour :

«Remettez-lui les peines qu'il a pu mériter, et comme la vraie foi l'a associé à vos fidèles sur la terre, que votre divine clémence l'associe aux chœurs des anges. Par Jésus-Christ Notre-Seigneur.»

22 septembre.

Il fait un vent fou. La mer est blanche d'écume. J'aime à la voir troublée jusqu'au plus profond de ses abîmes. Et pourquoi? Est-ce parce que la mer est la plus belle des œuvres de Dieu? N'est-ce pas plutôt parce qu'elle est l'image vivante de notre cœur? L'un et l'autre ont la profondeur redoutable, la puissance terrible des orages, et si troublés qu'ils soient...

Qu'est-ce que la tempête arrache aux profondeurs de la mer? qu'est-ce que la passion révèle de notre cœur?

La mer garde ses richesses, et le cœur garde ses trésors. Il ne sait pas dire la parole de la vie; il ne sait pas dire la parole de l'amour, et tous les efforts de la passion sont semblables à ceux de la tempête qui n'arrache à l'abîme, que ces faibles débris, ces algues légères que l'on aperçoit sur les sables et sur les rochers, mêlés avec un peu d'écume.

25 septembre.

J'ai repris l'habitude de faire lire. Quand je lis moi-même, je m'arrête trop souvent, ce qui ne vaut rien.

L'histoire me distrait plus efficacement que toutes les autres lectures. Je m'oublie devant ce rapide fleuve des âges qui roule tant de douleurs.

Aujourd'hui j'ai fait lire Garneau. Souvent mon père et moi nous le lisions ensemble. «Ô ma fille, me disait-il parfois, quels misérables nous serions, si nous n'étions pas fiers de nos ancêtres!» Il s'enthousiasmait devant ces beaux faits d'armes, et son enthousiasme me gagnait.

Maintenant, je connais le néant de bien des choses. Que d'ardeurs éteintes dans mon cœur très mort!

Mais l'amour de la patrie vit toujours au plus vif, au plus profond de mes entrailles. Heureux ceux qui peuvent se dévouer, se sacrifier pour une grande cause. C'est un beau lit pour mourir que le sol sacré de la patrie.

L'arrière-grand-père de ma mère fut mortellement

blessé sur les Plaines, et celui de mon père resta sur le champ de bataille de Sainte-Foye avec ses deux fils, dont l'aîné n'avait pas seize ans.

Ceux-là, je ne les ai jamais plaints. Mais j'ai plaint le chevaleresque Lévis (mon cousin d'un peu loin). Bien des fois, je l'ai vu, sombre et fier, ordonnant de détruire les drapeaux. Cette ville de Québec, qu'il *voulait brûler s'il ne la pouvait conserver à la France*, je ne la revois jamais sans songer à lui, et devant la rade si belle, j'ai souvent pensé à sa mortelle angoisse quand, au lendemain de la victoire de Sainte-Foye, on signala l'approche des vaisseaux. Mais le drapeau blanc ne devait plus flotter sur le Saint-Laurent, et, pour nos pères, tout était perdu *fors l'honneur*.

Ce printemps de 1760, Mme de Montbrun laboura elle-même sa terre, pour pouvoir donner du pain à ses petits orphelins. Vaillante femme!

J'aime me la représenter soupant fièrement d'un morceau de pain noir, sa rude journée finie. J'ai d'elle une lettre écrite après la cession, et trouvée parmi de vieux papiers de famille, sur lesquels mon père avait réussi à mettre la main lors de son voyage en France. C'est une fière lettre.

«Ils ont donné tout le sang de leurs veines, dit-elle, en parlant de son mari et de ses fils, moi, j'ai donné celui de mon cœur; j'ai versé toutes mes larmes. Mais ce qui est triste, c'est de savoir le pays perdu.»

La noble femme se trompait. Comme disait le chevalier de Lorimier, à la veille de monter sur l'échafaud : «Le sang et les larmes versés sur l'autel de la patrie sont une source de vie pour les peuples», et le Canada vivra. Ah! j'espère.

Malgré tout, nos ancêtres n'ont-ils pas gardé de leur noble mère, la langue, l'honneur et la foi.

Mon père aimait à revenir sur nos souvenirs de deuil et de gloire. Il avait pour Garneau, qui a mis tant d'héroïsme en lumière, une reconnaissance profonde, et il aurait voulu voir son portrait dans toutes les familles canadiennes.

Ce portrait respecté, il est là à son ancienne place. Parfois, je m'arrête à le considérer. Qui sait, disait

Crémazie, de combien de douleurs se compose une gloire? Pensée touchante, et, quant à Garneau si vraie!

Pour faire ce qu'il a fait, il faut aller au bout de ses forces, ce qui demande bien des efforts sanglants. Ah! je comprends cela. Sans doute, je n'y puis rien, mais j'aime mon pays, et je voudrais que mon pays aimât celui qui a tant fait pour l'honneur de notre nom. J'espère qu'au lieu de plonger dans l'ombre, la gloire de Garneau ira s'élevant. Et ne l'a-t-il pas mérité? Étranger aux plaisirs, sans ambition personnelle, cet homme admirable n'a songé qu'à sa patrie.

Il l'aimait d'un amour sans bornes, et cet amour rempli de craintes, empreint de tristesse, m'a toujours singulièrement touchée. D'ailleurs, il l'a prouvé jusqu'à l'héroïsme. Dans ce siècle d'abaissement, Garneau avait la grandeur antique.

C'est l'un de mes regrets de ne l'avoir pas connu, de ne l'avoir jamais vu. Mais j'ai beaucoup pensé à lui, à ses difficultés si grandes, à son éducation solitaire et avec respect je verrais cette mansarde où, sans maîtres et presque sans livres, notre historien travaillait à se former.

Oh! qu'il a été courageux! qu'il a été persévérant! et combien de fois je me suis attendrie, en songeant à cette faible lumière qui veillait si tard, et allait éclairer notre glorieux passé.

Mais il a fini sa tâche laborieuse. Maintenant *longue est sa nuit*. J'ai visité sa tombe au cimetière Belmont. Alors, je n'avais jamais versé de larmes amères, et ma vive jeunesse s'étonnait et se troublait du calme des tombeaux; mais devant le monument de notre historien, le généreux sang de mes ancêtres coula plus chaud dans mes veines.

Je me souviens que j'y restai longtemps. Enfant encore par bien des côtés, je n'étais cependant pas sans avoir profité de l'éducation que j'avais reçue. Déjà, j'avais le sentiment profond de l'honneur national, et, comme celui qui dit à Garneau l'adieu suprême au nom de la patrie, j'aurais voulu lui assurer la reconnaissance immortelle de tous les Canadiens.

Il a effacé pour toujours les mots de race conquise, de
peuple vaincu.
Il a été un homme de courage, de persévérance héroï-
que, de désintéressement, de sacrifice.
Qu'il repose sur le champ de bataille qu'il a célébré,
non loin des héros qu'il a tirés de l'oubli!

Et nous, Dieu veuille nous donner comme à nos pères, avec le sentiment si français de l'honneur, l'exaltation du dévouement, la folie du sacrifice, qui font les héros et les saints.

28 septembre.

Soirée délicieuse. J'aime ces «*... nuits qui ressemblent au jour, avec moins de clarté, mais avec plus d'amour*», et si une joie de la terre devait encore faire battre mon cœur, je voudrais que ce fût par une nuit comme celle-ci, dans ce beau jardin où dort la lumière paisible de la lune.

J'ai passé la soirée presque entière sur le balcon, et volontiers j'y serais encore.

Mais ces contemplations ne me sont pas bonnes. Ma jeunesse s'y réveille ardente et toute vive. La nature n'est jamais pour nous qu'un reflet, qu'un écho de notre vie intime, et cette molle transparence des belles nuits, ces parfums, ces murmures qui s'élèvent de toutes parts m'apportent le trouble.

Mais tantôt, comme si elle eût deviné mes folles pensées, ma petite lectrice, qui filait seule dans sa chambre, s'est mise à chanter :

«*Ce bas séjour n'est qu'un pélérinage.*»

Ce doux chant d'une simple enfant m'a rafraîchi l'âme.

«*Je crois. Au fond du cœur l'espérance me reste :*
«*Je ne suis ici-bas que l'hôte d'un instant.*
«*Aux désirs de mon cœur si la terre est funeste,*
«*J'aurai moins de regrets, demain, en la quittant.*»

137

Parmi les livres de Mlle Désileux, j'ai trouvé un livret dont presque toutes les feuilles sont arrachées, et qui porte à l'intérieur : «Mon Dieu, que votre amour consume mes fautes, comme le feu vient consumer l'expression de mes lâches regrets.»

Pauvre fille! elle avait aussi un confident. Je ferai comme elle avant de mourir.

Que pense-t-elle de son long martyre, maintenant que Dieu *lui-même a essuyé ses larmes*? J'aime ces tendres paroles de l'Écriture, et tant d'autres pleines de mystère.

Qu'est-ce que cette lumière, cette paix que nous demandons pour ceux qui *nous ont précédés*?

Qu'est-ce que cette *joie du Seigneur*, où nous entrerons tous, et que l'âme humaine, si grande pourtant, ne saurait contenir?

Qu'est-ce que cet amour dont nos plus ardentes tendresses ne sont qu'une ombre si pâle?

Il est certain que malgré l'infini de nos désirs et les ravissantes perspectives que la foi nous découvre, nous n'avons aucune idée du ciel. Et en cela nos efforts ne nous servent pas à grand-chose. Nous sommes comme quelqu'un qui, n'ayant jamais vu qu'une feuille, voudrait se représenter une forêt, ou qui, n'ayant jamais vu qu'une goutte d'eau, voudrait s'imaginer l'océan.

1er octobre

«Seigneur, disait la pauvre Samaritaine, donnez-moi de cette eau, afin que je n'aie plus soif.»

Profonde parole! mes larmes ont coulé chaudes et abondantes sur le livre sacré. Quelle soif de naufragé peut se comparer à mon besoin d'aimer?

Depuis ce matin, j'ai toujours présente à l'esprit cette délicieuse scène de l'Évangile. Tantôt j'ai pris la bible illustrée pour y chercher Jésus et la Samaritaine.

Et comme cela m'a reportée aux jours bénis de mon enfance, alors que sur les genoux de mon père, je regardais ces belles gravures que j'aimais tant! Je me souviens que j'en voulais à la Samaritaine qui ne donnait pas à boire à Notre-Seigneur.

«Si vous connaissiez le don de Dieu et celui qui vous demande à boire!»

Et, mon Dieu, ce besoin d'aimer qui s'accroît de tous nos mécomptes, de toutes nos tristesses, de toutes nos douleurs, est-il donc si difficile de comprendre qu'il n'aura jamais sa satisfaction sur la terre?

Non, Dieu n'a pas fait en vain sa place dans notre âme. La puissante grâce du baptême n'y séjourne pas si longtemps sans y creuser des abîmes. De là viennent ces aspirations auxquelles rien ne répond ici-bas et ces mystérieuses tristesses que le bonheur lui-même réveille au fond de notre cœur.

Maurice disait : «De par sa nature l'amour est rêveur». C'est très vrai. Mais pourquoi rêve-t-il, sinon parce que le présent, le réel ne lui suffit jamais?

2 octobre.

Cependant comme le *charme de sentir* entraîne.

Il ne m'aime plus, je le sais, mais insensée que je suis, je me dis toujours : «Il m'a aimée».

Oui, il m'a aimée, et comme il n'aimera jamais.

Ordinairement peu causeur, Maurice avait presque toujours sur le front, comme sur l'esprit, une légère brume de tristesse. Même avant mon malheur, souvent en me regardant, ses yeux se remplissaient de larmes.

Cette expression de tendresse et de mélancolie était son grand charme. Sa sensibilité si vive était beaucoup plus communicative qu'expansive. Il disait qu'il lui fallait la musique pour laisser parler son âme. Mais alors, avec quelle puissance son âme se révélait.

C'est fini! je n'entendrai plus sa voix! Sa voix si douce, si pénétrante, si expressive!

«Le lépreux ferma la porte et en poussa les verrous.»

Épouvantable solitude! ce qu'on sent profondément est toujours nouveau, et la lecture du *Lépreux* m'a encore laissé une impression terrible. Mais j'y reviendrai. Puisqu'il faut que je pleure, je voudrais pleurer sur d'autres que sur moi.

Ô l'égoïsme! la personnalité!

Quand l'avenir apparaît trop horrible il faut songer à ceux qui sont plus malheureux que soi. Depuis quelques jours, j'interroge souvent la carte de la Sibérie, et je laisse ma pensée s'en aller vers ces solitudes glacées.

Combien de Polonais coupables d'avoir aimé leur patrie sont là. Et qui dira leurs tristesses? les tristesses du patriote! les tristesses de l'exilé! les tristesses de l'homme au dernier degré de malheur!

Ah! ces misérables, traités plus mal que des bêtes de somme, ce serait à eux de maudire la vie. Pourtant ils ne le peuvent sans crime et cette existence, dont aucune parole ne saurait dire l'horreur, reste un bienfait immense parce qu'elle peut leur mériter le ciel. Qu'est-ce donc que le ciel!

Mon Dieu! donnez-moi la foi, la foi à mon bonheur futur; et ces infortunés! Seigneur, innocents ou coupables, ne sont-ils pas vos enfants? Ah! gardez-les du blasphème, gardez-les du désespoir, ce suprême malheur.

Qu'aucune pensée de haine, qu'aucun doute de votre justice, qu'aucune défiance de votre adorable bonté n'atteigne jamais leurs cœurs. Envoyez la divine espérance! qu'elle soulève leurs chaînes, qu'elle entrouvre les voûtes de leur enfer.

Tantôt, j'entendais un passant fredonner : *«Que le jour me dure, passé loin de toi! »* etc.

C'est Maurice qui a popularisé par ici ce chant mélancolique auquel sa voix donnait un charme si pénétrant.

Tous nos échos l'ont redit. Alors, il ne savait pas vivre

loin de moi. Et moi — pauvre folle — je viens de compter les jours écoulés depuis notre séparation.

Qu'il est déjà loin ce soir, où décidée de ne plus le revoir, je lui dis avant d'aborder l'explication inévitable :

«Maurice, chantez-moi quelque chose comme aux jours du bonheur.»

Il rougit, et je souffrais de son embarras. Ah! les jours du bonheur étaient loin.

Sans rien dire, il alla prendre une guitare (son accompagnement de prédilection), et revint s'asseoir près de moi. Puis, après avoir un peu rêvé, il commença : *«Fier Océan, vallons...»*

Nous étions seuls, je laissai tomber l'ouvrage que j'avais pris par contenance, et j'écoutai.

Ce chant, mon père l'aimait et le lui demandait souvent. La dernière fois que je l'avais entendu, c'était dans notre délicieux jardin de Valriant.

Comme le passé revient à certains moments, comme le passé, comme la terre rendent ce qu'ils ont pris!

Mais la douleur de la séparation était là présente, déchirante.

J'avais été trop malade pour n'être pas encore bien faible, et voilà peut-être pourquoi jusque-là, la pensée de son indifférence ne m'avait pas causé de douleur violente. Sans doute cette pensée ne me quittait pas, mais ce que j'éprouvais d'ordinaire, c'était plutôt le sentiment du découragement profond, de la misère complète — ce que doit éprouver le malade incurable qui sait qu'en réunissant toutes ses forces, il ne pourra plus que se retourner sur son lit de peine.

Mais pour me décider à rompre avec lui, il m'avait fallu un effort terrible qui m'avait ranimée — et cette étrange émotion que me causa sa voix.

Je savais que je l'entendais pour la dernière fois. Pourtant je restai calme.

J'étais bien au-dessous des larmes, et après qu'il eut cessé de chanter, je me souviens que nous échangeâmes quelques paroles indifférentes sur le vent, sur la pluie qui battait les vitres. Il resta ensuite silencieux à regarder le feu qui brûlait dans la cheminée; je lui trouvais l'air ennuyé. Ah! le cœur si riche d'amour, d'ardente flamme, était bien mort.

J'avais pris l'habitude de l'observer sans cesse, et je voyais parfaitement comme la vie lui apparaissait aride, décolorée. Je voyais tout cela, mais dans mon cœur il n'y avait plus d'amertume contre lui. Jamais il n'avait été pour moi ce qu'il m'était en ce moment. Comme je sentais la profondeur de mon attachement! comme je voyais bien ce que la vie me serait sans lui!

Cependant il fallait bien en finir, et d'une main ferme, je tenais cet *anneau de la foi* qui me brûlait depuis qu'il ne m'aimait plus, et que j'étais bien résolue de le forcer à reprendre.

Oh! comment ai-je pu survivre à cette heure-là! comment ai-je pu résister à ses reproches, à ses supplications? il avait si bien l'accent d'autrefois. Un moment, je me crus encore aimée : l'émotion de la surprise avait réchauffé son cœur. «Qu'ai-je donc fait?» sanglotait-il.

Le grand crime contre l'amour, c'est de ne plus le rendre.

Non, il ne m'aimait plus; mais la flamme se ranime un instant avant de s'éteindre tout à fait. Puis il était humilié dans sa loyauté, et n'avait pas ce féroce égoïsme qui rend la plupart des hommes si indifférents au malheur des autres.

7 octobre.

Seule! Seule... pour toujours!

Ah! je voudrais penser au ciel. Mais je ne puis. Je suis comme cette femme malade dont parle l'Évangile qui était toute courbée et ne pouvait regarder en haut.

Le poids de la vie! Maintenant je comprends cette parole.

Je ne sais rien de plus difficile à supporter que l'ennui très lourd qui s'empare si souvent de moi. C'est une lassitude terrible, c'est un accablement, un dégoût sans nom, une insensibilité sauvage. Ma pauvre âme se voit seule dans un vide affreux.

Mais je ne me laisse plus dominer complètement par l'ennui. J'ai repris l'habitude du travail et je la garderai.

Que deviendrai-je sans le *saint travail des mains*, comme disent les constitutions monastiques, le seul qui me soit possible bien souvent.

Temps délicieux. Je me suis promenée longtemps sur la grève.

Ces feux des pêcheurs sont charmants à voir d'un peu loin, mais je ne puis supporter la vue de la grève à mer basse. Comme c'est gris! comme c'est terne! comme c'est triste! Il me semble voir *cet ennui qui fait le fond de la vie*, ou plutôt il me semble voir une vie d'où l'amour s'est retiré.

Toujours cette pensée!

Que Dieu me pardonne cette folie qui croit tout perdu quand Lui me reste.

Je voudrais oublier les semblants d'amour je voudrais oublier les semblants de bonheur, et n'y penser pas plus que la plupart des hommes ne pensent au ciel et à l'amour infini qui les attend. Mais, ô misère! Je ne puis.

Et pourtant, Seigneur Jésus, je crois à votre amour adorablement inexprimable. Je crois aux preuves sanglantes que vous m'en avez données; je sais que votre grâce donne la force de tous les sacrifices qu'elle demande, et au fond de mon cœur... Est-ce le poids de la croix pleinement acceptée qui m'a laissé cette délicieuse meurtrissure?

Je crois aux joies du sacrifice, je crois aux joies de la douleur.

(Le P.S*** , missionnaire, à Angéline de Montbrun)

Mademoiselle,

Votre généreuse offrande est arrivée bien à propos. Suivant votre désir, nous et nos néophytes, nous prierons pour monsieur votre père. Quant à moi, je ne saurais oublier, qu'après Dieu, je lui dois l'honneur du sacerdoce, mais depuis longtemps, c'est l'action de grâces qui domine dans le souvenir que je lui donne chaque jour à l'autel.

La pensée de son bonheur ne saurait-elle vous adoucir votre tristesse? Pourquoi toujours regarder la tombe au lieu de regarder le ciel? Pourquoi le voir où il n'est pas.

> *«Poussière, tu n'es rien! cendre, tu n'es pas l'être*
> *Que nous avons chéri :*
> *Tu n'es qu'un vêtement dédaigné par son maître,*
> *Et qu'un lambeau flétri.»*

Dites-moi, aimer quelqu'un n'est-ce pas mettre sa félicité dans la sienne? Pourquoi le pleurez-vous?

Pauvre enfant! je comprends votre faiblesse. Moi, qui n'étais que son protégé, je ne pouvais m'empêcher de l'admirer et de le chérir.

Vous savez qu'en apprenant le fatal accident, je fis vœu, s'il vivait, de me consacrer aux rudes missions du nord. Et j'aime à vous le dire, ce même soir du 20 septembre, à genoux dans l'église de Valriant, je me plaignais à Dieu qui n'avait pas accepté mon sacrifice.

Je me plaignais et je pleurais, en attendant que l'aurore me permît de commencer la messe que je voulais offrir pour lui — mon bienfaiteur. Alors que se passa-t-il dans mon âme? Quelle lumière céleste m'enveloppa soudain dans cette demi-obscurité du sanctuaire, où quelques jours auparavant j'avais reçu l'onction sacerdotale? Je ne saurais le dire; mais consolé, je fis à Notre-Seigneur le serment solennel d'user ma vie parmi les pauvres sauvages.

Vous me demandez comment je supporte cette terrible vie. La nature souffre; mais à côté des sacrifices il y a les joies de l'apostolat. En arrivant ici, je parlais couramment deux langues sauvages et je fus envoyé chez les Chippeways.

Là, je vous l'avoue, bien des lâches regrets me vinrent assaillir. Mais Notre-Seigneur eut pitié de son indigne prêtre. Il me conduisit auprès d'une jeune malade qui attendait le baptême pour mourir.

Je dis *attendait* et c'est le mot, car depuis plusieurs semaines, sa vie semblait un miracle; et il n'est pas possible de dire avec quelle facilité cette âme très simple entendit la parole du salut. *Bienheureux*, oui *bienheureux les cœurs purs*. Si vous aviez vu l'expression de son visage mourant quand elle aperçut le crucifix.

Je la baptisai avec une de ces joies qui laissent le cœur meurtri. Ô froides allégresses de la chair! ô pauvres bonheurs de la terre, que le prêtre est heureux de vous avoir sacrifiés! Quelles larmes j'ai versées dans cette misérable cabane! Si vous l'aviez vue, comme elle était après sa mort, couchée sur quelques branches de sapin, son front virginal encore humide de l'eau du baptême, et le crucifix entre ses mains jointes!

Je m'assure que cette heureuse prédestinée vous sera une protectrice dans le ciel, car elle me l'a promis et même je lui ai donné votre nom.

Et maintenant, Mademoiselle, voulez-vous permettre, non pas à l'homme, mais au prêtre, au pauvre missionnaire de vous dire ce que vous avez besoin d'entendre?

Dans votre lettre j'ai vu bien des choses qui n'y sont pas. Dites-moi, pourquoi êtes-vous si triste, si malheureuse et surtout si troublée? N'est-ce pas parce que vous allez sans cesse pleurer sur ces traces ardentes que l'amour a laissées dans votre vie?

Vous dites que la consolation ne fera jamais qu'effleurer votre cœur; vous dites qu'il n'y a plus de paix en vous. Mon enfant, la consolation vous presse de toutes parts puisque vous êtes chrétienne, et Notre-Seigneur a apporté la paix à toutes les âmes de bonne volonté. Ah! si vous étiez généreuse! Si vous aviez le courage de sacrifier toutes les amollissantes rêveries, tous les dangereux souvenirs! Bientôt vous auriez la paix, et, malgré vos tristesses, vous verriez les consolations de la foi se lever dans votre âme, radieuses et sans nombre, comme les étoiles dans les nuits sereines.

Soyez-en sûre, la délicatesse d'une passion n'en ôte pas le danger; au contraire, c'est une séduction de plus pour l'âme malheureuse qui s'y abandonne. Vous me direz qu'on est faible contre son cœur. Oui, c'est vrai. Mais suivant saint Augustin, la vertu c'est l'ordre dans l'amour. Songez-y, et demandez à Dieu d'attirer votre cœur.

Non, il ne vous a pas faite pour souffrir. S'il a détruit votre bonheur, c'est que le bonheur ne vous était pas bon; s'il a anéanti vos espérances, c'est que vous espériez trop peu.

Dites-moi, malgré, ou plutôt à cause de sa profonde tendresse, votre père n'était-il pas au besoin sévère pour vous? Laissons Dieu faire notre éducation pour l'éternité. Quand elle s'ouvrira pour nous dans son infinie profondeur, que nous sembleront les années passées sur la terre...

Vous le savez, les heures douloureuses comme les heures d'ivresse, tout passe — et avec quelle merveilleuse rapidité! Il me semble que c'est hier, que bien embarrassé, j'attendais monsieur votre père sur la route de Valriant, pour le prier de me mettre au collège *parce que je voulais être prêtre*.

L'avenir disparaîtra comme le passé. L'avenir, le véritable avenir, c'est le ciel. Ah! si nous avions de la foi.

Dans les beaux jours de l'Église, être chrétien, c'était savoir souffrir. Parmi les martyrs, combien de jeunes filles! Vous les représentez-vous pleurant le bonheur de la terre et les douceurs de la vie? Nous aussi, nous sommes chrétiens, mais comme disait Notre-Seigneur : «Quand le Fils de l'homme reviendra sur la terre, croyez-vous qu'il y trouve encore de la foi?» Ô douloureuse parole! Et pourquoi, si dégénérés que nous soyons, nous comprenons que le martyre est la grâce suprême, et nous n'oserions comparer aucune volupté de la terre à celle du chrétien qui pour Jésus-Christ, s'abandonne aux tourments.

Mon enfant, vous le savez, il y a aussi un martyre du cœur. Oui, Dieu en soit béni, il y a des vies qui sont une mort continuelle. Sans doute, vous êtes faible, épuisée, fatiguée de souffrir, mais savez-vous quel nom nos pauvres sauvages donnent à l'Eucharistie? ils l'appellent *ce qui rend le cœur fort.*

Mon Dieu! qu'est-ce qui soutient le missionnaire contre la puissance des regrets et des souvenirs? Dans son isolement terrible, au milieu des misères et d'incommodités sans nombre, qu'est-ce qui le défend contre les visions de la patrie et du foyer?

Nous aussi, nous sommes faibles, et, si nous demeurons fermes, c'est, comme dit saint Paul, *à cause de Celui qui nous a aimés.* Soyez-en sûre, la communion console de tout. Que dis-je? «Mon ami, écrivait un missionnaire, qui a reçu depuis la couronne du martyre, communier c'est toujours un grand bonheur; mais communier dans un cachot, quand on porte le collier de fer avec la lourde chaîne, et qu'on a vu déchirer son corps de boue, c'est un bonheur qui ne peut s'exprimer.»

N'en doutez pas, Jésus-Christ peut tout adoucir; c'est un enchanteur! Il est venu apporter le feu sur la terre. Puisse-t-il l'allumer dans votre cœur! L'amour est la grande joie, et je vous veux heureuse.

Oui, Dieu nous exaucera. Tous les jours nos néophytes prient pour vous avec la ferveur de la virginité de la foi, et votre père vous a emportée dans son cœur au paradis.

Réjouissez-vous, et ne plaignez pas le pauvre missionnaire. À mesure qu'il s'éloigne des consolations humaines, Jésus-Christ se rapproche de lui. Je suis heureux, mais parfois j'éprouve un étrange besoin d'entendre la chère cloche de Valriant. Vous allez dire que j'ai le mal du pays. Je ne le crois pas. J'aurais plutôt la nostalgie du ciel. Mais il faut le *mériter.*

Voudriez-vous accepter cette pauvre médaille de

l'Immaculée. Souvent j'en attache aux arbres pour parfumer les solitudes. Priez pour moi, et que Dieu vous fasse la grâce d'accomplir parfaitement ce grand commandement de l'amour, dans lequel est toute justice, toute grandeur, toute consolation, toute paix et toute joie.

15 octobre.

Depuis plusieurs jours, je n'ai pas ouvert mon journal où je me suis promis de ne plus écrire *son nom*. L'amour de Dieu est une grâce, la plus grande de toutes les grâces, et il faut travailler à la mériter. Puis, est-ce l'élan donné par une main puissante? — il y a en moi une force étrange qui me pousse au renoncement, au sacrifice. En recevant la lettre du P.S*** (âme généreuse, celle-là), j'ai joint son humble médaille au médaillon que je porte nuit et jour, et qui contenait, avec le portrait de mon père, le sien à lui. Ensuite, j'ai ôté celui-ci et par un effort dont je ne suis pas encore remise, je l'ai jeté au feu avec ses lettres.

16 octobre.

Je ne regrette pas ce que j'ai fait, seulement j'en frémis encore, et sans cesse je pleure parce que son portrait et ses lettres sont en cendres.

Je me demandais avec tristesse si ces larmes ne rendaient pas mon sacrifice indigne de Dieu, mais aujourd'hui j'ai été consolée en lisant que lorsque nous revenons du combat des passions mutilés et sanglants, mais victorieux, nous pouvons pleurer sur ce qu'il nous en a coûté — que Dieu ne s'offensera pas de nos larmes — pas plus que Rome ne s'offensa quand le premier des Brutus, rentrant chez lui après avoir sacrifié ses deux fils à la république, s'assit à son foyer désert et pleura.

Je pense souvent avec attendrissement à cette jeune fille qui *attendait* son baptême pour mourir!Ô grâce! bonheur de la pureté!

Il y a quelques années, traversant un soir l'église du Gésu, je passai devant un autel sous lequel un jeune saint (saint Louis de Gonzague, je crois) est représenté couché sur son lit funèbre.

Je ne suis qu'une pauvre ignorante, mais je suis bien sûre que cette statue n'est pas une œuvre remarquable. Qu'est-ce donc qui fit tressaillir mon âme?

Pourquoi restai-je là si longtemps émue, absorbée comme devant une toute aimable réalité.

Alors, je n'en savais trop rien, mais aujourd'hui il me semble que ce charme profond qui m'avait tout à coup pénétrée, et que je ne savais pas définir, c'était la beauté céleste de la pureté sans tache.

Longtemps après que je fus sortie de l'église, cette figure si virginale et si paisible était encore devant mes yeux, et malgré moi mes larmes coulaient un peu.

Pourtant l'impression reçue avait été douce. Mais on ne touche jamais fortement le cœur sans faire jaillir les larmes.

Depuis, bien des jours ont passé, et n'est-il pas étrange que la pensée de cette jeune fille, qui a promis d'être ma protectrice, me rappelle toujours au vif ce souvenir presque oublié? Non, elle n'oubliera pas la promesse faite à l'ange qui lui a ouvert le ciel — qui lui a donné mon nom.

22 octobre.

C'est un grand malheur d'avoir laissé ma volonté s'affaiblir, mais je travaille de toutes mes forces à le réparer. Comme le reste, et plus que le reste, la volonté se fortifie par l'exercice : on n'obtient rien sur soi-même que par de pénibles et continuels combats.

M'abstenir de ces rêveries où mon âme s'amollit et s'égare, ce m'est un renoncement de tous les instants.

Et pourtant, je le sais, si doux qu'ils soient, les souvenirs de l'amour ne consolent pas — pas plus que les rayons de la lune ne réchauffent. Mais *enfin*, j'ai pris une résolution et j'y suis fidèle.

La communion me fait du bien, m'apaise jusqu'à un certain point.

Parfois, un éclair de joie traverse mon âme, à la pensée que mon père est au ciel, mais ce rayon de lumière s'éteint bientôt dans les obscurités de la foi, et je retombe dans mes tristesses — tristesses calmes, mais profondes.

5 novembre.

Me voici de retour chez moi après une absence de quinze jours.

Je voulais revoir sa tombe, je voulais revoir Mina, et il est une personne que je n'avais jamais vue et dont la réputation m'attirait.

Je n'ai fait que passer à Québec, et, à mon extrême regret, je n'ai pu voir Mina, malade à garder le lit depuis quelque temps; mais j'ai pleuré sur sa tombe, *cette tombe où il n'est pas*, et je ne saurais dire si c'étaient des larmes de joie ou de tristesse, tant je m'y suis sentie consolée. Puis, j'ai repris le train de... qui me conduisait au monastère de...

C'est un grand bonheur d'approcher une sainte. Entre la vertu ordinaire et la sainteté il y a un abîme.

Devant elle, je l'ai senti, et j'oubliais de m'étonner de cette confiance très humble, de cette tendresse sacrée qui lui ouvrait son âme.

Où les anges prennent-ils cette adorable indulgence, cette ineffable compassion pour des faiblesses qu'ils ne sauraient comprendre?

Ma propre mère n'eût pas été si tendre. Je le sentais, et appuyée sur la grille qui nous séparait, je fondis en larmes. Elle aussi pleurait avec une pitié céleste. Mais sa figure restait sereine.

Comme elle est profonde, la paix de ce cœur livré à

l'amour! Cette paix divine, je la sentais m'envelopper, me pénétrer pendant que je lui parlais.

Ô radieux visages des saints! ô lumineux regards qui plongez si avant dans l'éternité, et dans cet autre abîme qui s'appelle notre cœur! qui vous a vus ne vous oubliera jamais.

Mais devant elle, je n'éprouvais ni gêne, ni embarras. Au contraire, son regard si calme et si pur répandait dans mon cœur je ne sais quelle délicieuse sérénité.

Oui, je suis heureuse d'avoir été là. J'en ai emporté une force, une lumière, un parfum, j'espère y avoir compris le but de la vie. Dans cette chère église, devant la croix sanglante qui domine le tabernacle, j'ai accepté ma vie telle qu'elle est, j'ai promis d'accomplir le grand commandement de l'amour. Ô cher asile de la prière et de la paix!

C'est avec regret que j'ai quitté ma chambre où d'autres âmes faibles sont venues chercher la force — où la Fleur du carmel a passé. Là, je n'entendais rien que le murmure de la Yamaska coulant tout auprès. Ce bruit mélancolique me fournissait mille pensées tristes et douces.

Les vagues de la mer s'éloignent pour revenir bientôt, mais les eaux d'une rivière sont comme le temps qui passe, et ne revient jamais.

6 novembre.
«Malheur à qui laisse son amour s'égarer et croupir dans ce monde qui passe; car lorsque tout à l'heure il sera passé, que restera-t-il à cette âme misérable, qu'un vide infini, et dans une éternelle séparation de Dieu, une impuissance éternelle d'aimer.»

7 novembre.
J'ai passé l'après-midi à l'entrée du bois. Le soleil dorait les champs dépouillés, les grillons chantaient dans l'herbe flétrie; toutefois l'automne a bien fait son œuvre, et l'on sent

la tristesse partout. Mais quelle sérénité profonde s'y mêle.

Et pourquoi, dans mon calme funèbre, n'aurais-je pas aussi de la sérénité?

Je me disais cela, et, la tête cachée dans mes mains, je pensais à cet adieu qu'il faut finir par dire à tout — à ce grand et languissant adieu comme parle saint François de Sales.

Puisqu'il faut mourir, ce sont les heureux qu'il faut plaindre.

(Maurice Darville à Angéline de Montbrun)

Ainsi vous persistez à vous tenir enfermée, à refuser de me recevoir, et pour vous je ne suis plus qu'un étranger, qu'un importun.

Angéline, cela se peut-il?

Ô ma toujours aimée, j'aurais dû écarter vos domestiques et entrer chez vous malgré vos ordres. Mais je ne viens pas vous faire des reproches. Je viens vous supplier d'avoir pitié de moi. Si vous saviez comme il est amer de se mépriser soi-même!

Ô ma pauvre enfant, votre image vient me ressaisir partout, votre vie si triste m'est un remords continuel.

Et pourtant suis-je coupable? est-ce ma faute si vous m'avez jeté mon cœur au visage?

Angéline, vous m'avez fait manquer à ma parole. Oui, vous m'avez réduit à cette abjection. Mais sur mon honneur, je n'aurai jamais d'autre femme que vous.

Ah! soyez- en sûre, on ne se donne pas deux fois avec ce qu'il y a de plus tendre et de plus profond dans son âme, ou plutôt quand on s'est donné ainsi, on ne se reprend plus jamais. Si mon cœur a paru se refroidir. Ma pauvre enfant, au fond du cœur de l'homme, il y a bien des misères, mais pardon, pardon pour l'amour de lui qui m'aimait, qui m'avait choisi.

Quoi! ne sauriez-vous pardonner un tort involontaire? Ah! vous avez bien oublié la promesse faite à Mina, cette solennelle promesse de m'aimer toujours et de me rendre heureux.

Si vous saviez ce que j'ai souffert depuis le soir terrible de notre séparation! Oh! comment avez-vous pu m'humilier ainsi? Suis-je donc si vil à vos yeux?

Mon Dieu! qui nous rendra la confiance, ce bien unique en sa douceur? Vous dites que vous n'accepterez jamais un sacrifice. Un *sacrifice*...

Angéline, il est une chose que je voudrais taire à jamais. Mais puisque vous me forcez d'en parler, je vais le faire. Tôt ou tard, vous le savez, on ne jouit plus que des âmes. Et d'ailleurs, les traces de ce mal cruel vont s'effaçant chaque jour. Tout le monde le dit ici et pouvez-vous l'ignorer?

Mon amie, c'est moi qui vous conjure d'avoir pitié de ma vie si triste, de mon avenir désolé. Que deviendrai-je si vous m'abandonnez?

Seul je suis et seul je serai; je vous l'avoue, je suis au bout de mes forces. La tristesse est une mauvaise conseillère, et j'entrevois des abîmes. Angéline, votre cœur est-il donc tout entier dans son cercueil?

Non, ma chère orpheline, je ne vous reproche ni l'excès, ni la durée de vos regrets. Sait-on combien de temps une grande douleur doit durer? Mais votre douleur je la comprends, je la partage. Vous le savez, vous n'en pouvez douter.

Mon Dieu, que n'ai-je pensé à vous faire ordonner de ne pas différer notre mariage! Le malheur a voulu que ni lui ni moi n'y ayons songé, mais croyez-vous qu'il approuve votre résolution?

Angéline, c'est moi qui vous emportai comme morte d'auprès de son corps. Ô Dieu! de quel amour je vous aimais, et combien j'ai souffert de cette horrible impuissance à vous consoler.

Mais aujourd'hui, ne puis-je rien? Je vous assure que je ne vous aimais pas plus quand mon amour vous arracha à la mort; et je vous en supplie, par la fraternité de nos larmes, par cette divine espérance que nous avons de le revoir, consentez à m'entendre. Oh! laissez-moi vous voir! laissez-moi vous parler! Pourriez-vous refuser toujours de m'admettre chez vous, dans sa maison à lui, qui me nommait *son fils?*

La nuit dernière, je suis resté longtemps appuyé sur le mur du jardin. Je vous avoue que je finis par m'y glisser.

Une fois entré, j'en fis le tour. La froide clarté du ciel m'y montrait tout bien triste, bien désolé. Un vent glacé chassait les feuilles flétries. Mais le passé était là, et qui pourrait dire la tristesse et la douceur de mes pensées!

D'abord, la maison m'avait paru dans une obscurité complète, mais en approchant je vis qu'une faible lumière passait entre les volets de votre chambre. Ô chère lumière! longtemps je restai à la regarder.

Angéline, la vie ne doit pas être une veille troublée. Non, vous ne sauriez persévérer dans une résolution pareille, et bientôt, comme Mina disait : *Le sang du Christ vous unira.* Chrétienne, avez-vous compris la force et la suavité de cette union? Doutez-vous que dans son sang nous ne trouvions avec l'immortalité de l'amour, les joies profondes du mutuel pardon.

Non, vous n'aurez pas ce triste courage de me renvoyer désespéré. J'ai foi en votre cœur si tendre, si profond.

Vôtre à jamais.

Maurice.

(Angéline de Montbrun à Maurice Darville)

Maurice, pardonnez-moi.

Cette résolution de ne pas vous recevoir, vous pouvez me la rendre encore plus difficile, encore plus douloureuse à tenir, mais vous ne la changerez pas.

Et faut-il vous dire que le ressentiment n'y est pour rien.

Cher ami, je n'en eus jamais contre vous. Non, vous n'avez pas trompé sa noble confiance, non, vous n'avez pas manqué à votre parole, et moi aussi je tiendrai la mienne.

Mais croyez-moi, ce n'est pas avec un sentiment dont

vous avez déjà éprouvé le néant, que vous remplirez le vide de votre cœur et de vos jours.

Je le dis sans reproche. Ô mon loyal, je n'ai rien, absolument rien à vous pardonner.

Pourquoi m'avez-vous aimée? Pourquoi ai-je tant assombri votre jeunesse? Et pourtant, nous avons été heureux ensemble. Vous rappelez-vous comme la vie nous apparaissait belle? Mais il n'est pas de *main qui prenne l'ombre ni qui garde l'onde*.

Mon cher ami, nous l'avions bien oublié. Dites-moi, si cet enchantement de l'amour et du bonheur se fût continué, que serions-nous devenus? Comment aurions-nous pu nous résigner à mourir? Mais le prestige s'est vite dissipé, et nous savons maintenant que la vie est une douleur.

Sans doute, la bonté divine, n'a pas voulu qu'elle fût sans consolations, et nos pauvres tendresses restent le meilleur adoucissement à nos peines. Mais nul ne choisit sa voie et les adoucissemnts ne sont pas pour moi.

Non, si le Dieu de toute bonté m'a fait passer par de si cruelles douleurs, ce n'est pas pour que je me reprennne aux affections et aux joies de ce monde. Je le vois clairement depuis que je vous sais ici; et une force étrange me reporte à ce moment où mon père mourant m'attira à lui, après sa communion suprême : «Amour Sauveur, répétait-il, serrant faiblement ma tête contre sa poitrine, Amour Sauveur, je vous la donne. Ô Seigneur Jésus, prenez-la, Ô Seigneur Jésus, consolez-la, fortifiez-la». Et à cette heure d'agonie, une force, une douleur surnaturelle se répandit en mon âme. Toutes mes révoltes se fondirent en adorations. J'acceptai la séparation. Je me prosternai devant la croix, je la reçus comme des mains du Christ lui-même. Et aujourd'hui encore, il me la présente. Je vois et je sens qu'il me demande le renoncement complet, que je dois être à Lui seul.

Maurice, c'est Lui qui a tout conduit, c'est sa volonté qui nous sépare. Cette parole, mon père me l'a dite à l'heure de son angoisse, et je vous la répète. Ah! j'ai bien senti ma faiblesse.

Être désillusionnée ce n'est pas être détachée. Mon ami, vous le savez, l'arbre dépouillé tient toujours à la terre.

Oh! comme nous sommes faits! mais la volonté divine donne la force des sacrifices qu'elle commande. Je vous en prie, ne vous mettez pas en peine de mon avenir. C'est à Dieu d'en disposer : le bonheur et la tristesse m'ont bien débilitée; mais si je suis courageuse, si je suis fidèle, avant qu'il soit longtemps j'aurai la paix.

Et vous aussi vous serez bientôt consolé.

Pourquoi pleurer? Ce bonheur de la terre, n'en connaissons-nous pas la pauvreté, même quand nous pourrions l'avoir dans sa richesse — ce qui n'est pas. Non, le rêve enchanté ne saurait se reprendre. Et pourtant que la vie avec vous me serait douce encore! Malgré le trouble de mon cœur, ce m'est une joie profonde que vous soyez venu. Le sentiment que vous me conservez, pour moi, c'est une fleur sur des ruines, c'est un écho attendrissant du passé. Le passé!

Vous rappelez-vous cette romance que vous chantiez sur le souvenir, qui n'est rien et qui est tout? Ah! quoi qu'il arrive, n'oubliez pas. Et soyez béni de ce que vous avez fait pour lui. Jamais je n'oublierai avec quel respect vous avez porté son deuil ni vos regrets si vifs, si sincères. Oh, comme vous étiez bon! comme vous étiez tendre! Je le sais, vous le seriez encore. Mais il en est qui n'arrivent au ciel qu'ensanglantés, et ceux-là n'ont pas droit de se plaindre.

Maurice, je vous donne à Jésus-Christ qui seul nous aime comme nous avons besoin d'être aimés. Partout et sans cesse, je le prierai pour vous.

Et, puisqu'il faut le dire, adieu, mon cher, mon intimement cher, adieu!

Quand j'étais enfant, mon père, pour m'encourager aux renoncements de chaque jour, me disait que pour Dieu il n'est pas de sacrifice trop petit; et aujourd'hui, je le sens, il me dit que pour Dieu, il n'est pas de sacrifice trop grand.

Après tout, mon ami, en sacrifiant tout, on sacrifie bien peu de chose. Ai-je besoin de vous dire que rien sur la terre, ne nous satisfera jamais? Ah! soyez-en sûr, en consacrant l'union des époux, le sang du Christ ne leur assure pas l'immortalité de l'amour, et quoi qu'on fasse, la résignation reste toujours la grande difficulté, comme elle est le grand devoir.

Sans doute, tout cela est triste, et la tristesse a ses dangers. Qui le sait mieux que moi? Mais Maurice, pas de lâches faiblesses. Épargnez-moi cette suprême douleur; que je ne rougisse jamais de vous avoir aimé!

Chronologie

1845   9 janvier, naissance, à La Malbaie, de Marie-Louise-Félicité Angers, quatrième enfant d'Élie Angers, forgeron, et de Marie Perron.

1858-1862 Elle est pensionnaire au Monastère des Ursulines de Québec où elle entreprend, sans le terminer, un cours d'école normale.

1862   Elle rencontre Pierre-Alexis Tremblay, député de Chicoutimi-Saguenay au parlement du Canada-Uni jusqu'en 1867, puis député de Charlevoix jusqu'en 1875 lorsqu'il est défait par Hector-Louis Langevin. Il conteste l'élection, invoquant l'«influence indue» et obtient gain de cause. Il retourne siéger à Ottawa en septembre 1878. Il meurt le 4 janvier 1879 des suites d'un accident survenu lors de la campagne électorale de 1878.

1863   Retour à La Malbaie où se déroule une existence paisible agrémentée par la découverte des œuvres de plusieurs écrivains, tels Bossuet, Fénélon, La Bruyère, Chateaubriand, Sainte-Beuve... et quelques écrivains canadiens-français, dont François-Xavier Garneau.

1875   9 août, mort de son père.

1877   Elle rencontre sœur Catherine-Aurélie Caouette, fondatrice de l'Institut des sœurs du

Précieux-Sang de Saint-Hyacinthe. C'est le début d'une longue amitié.

1878 Publie *Un Amour vrai* dans *la Revue de Montréal*, sous le pseudonyme de Laure Conan. Nouveau séjour à Saint-Hyacinthe auprès de sœur Caouette.

1879 1ᵉʳ février, décès de sa mère.

1882 Publie *Angéline de Montbrun* dans *la Revue canadienne*.

1886 Publie une brochure patriotique, *Si les Canadiennes le voulaient*.

1891 Publie un roman historique, *À l'œuvre et à l'épreuve*.

1893 Elle s'installe à Saint-Hyacinthe, à la Maison des dames des sœurs du Précieux-Sang. Occupe jusqu'en 1898 le poste de rédactrice de *la Voix du Précieux-Sang*, revue de la communauté. Commence sa collaboration à divers périodiques, dont *le Monde illustré*, *le Coin du feu*, que dirige maintenant Raoul Dandurand, *le Journal de Françoise*, que dirige Robertine Barry, *le Rosaire*...

1898 Retour à La Malbaie.

1900 Publie *l'Oublié*, son deuxième roman historique.

1913 Publie *Physionomies de saints*, recueil d'articles divers parus dans les périodiques et *Aux Canadiennes*.

1917 Publie *Silhouettes canadiennes*, recueil de portraits également parus dans les périodiques.

1919 Publie *l'Obscure Souffrance* et *la Vaine Foi*. Elle passe un premier hiver à Montréal, au couvent Notre-Dame-de-Lourdes, chez les Petites Filles de Saint-Joseph.

1920 Adapte pour la scène *l'Oublié*, sous le titre *Aux jours de Maisonneuve*.

1923 Elle se retire à la villa Notre-Dame-des-Bois,

	une maison de repos pour personnes âgées dépendant du couvent Jésus-Marie de Sillery.
1924	Écrit *la Sève immortelle* qu'elle termine sur son lit de mort. 6 juin, elle meurt à l'Hôtel-Dieu de Québec d'une congestion pulmonaire. 9 juin, elle est inhumée dans le cimetière de La Malbaie.
1925	Parution de *la Sève immortelle*.
1945	Création d'un monument à la mémoire de l'écrivain à l'occasion du centenaire de sa naissance.
1974	Publication de *Si les Canadiennes le voulaient* et *Aux jours de Maisonneuve* dans la collection «Théâtre canadien» chez Leméac.

(Chronologie établie par Aurélien Boivin.)

De la même auteure

Un Amour vrai. La Revue de Montréal, vol. II, n° 9 – vol. III, n°s 5-8 (septembre-octobre 1878 – juillet-août 1879).

Angéline de Montbrun. La Revue canadienne, vol. XVII, n° 6 – vol. XVIII, n° 8 (juin 1881 – août 1882).

Si les Canadiennes le voulaient! Aux Canadiennes-françaises (à l'occasion de la nouvelle année). Québec, Typographie C. Darveau, 1886, 59 p.

À l'œuvre et à l'épreuve. Québec, Imprimé par C. Darveau, 1891, 286 p.

L'Oublié. La Revue canadienne, vol. XXXVI, n° 6 – vol. XL, n° 2 (juin 1900 – juillet 1901). En tête de titre: *les Colons de Ville-Marie*.

Élisabeth Seton. Montréal, Cie de publication de la Revue canadienne, 1903, 125 p.

L'Apôtre de la tempérance. Lévis, Librairie d'Action canadienne, 1907, 28p.

Jeanne Le Ber, l'adoratrice de Jésus-Hostie. Montréal, Librairie Beauchemin, 1910, 37 p.

Une immortelle (Marguerite Bourgeoys). Montréal, la Publicité, 1910, 32 p.

Louis Hébert, premier colon du Canada. Québec, Imprimerie de «l'Événement», 1912, 39 p.

Aux Canadiennes: le peuple canadien sera sobre si vous le voulez. Québec, Cie d'imprimerie commerciale, 1913, 35 p.

Physionomies de saints. Montréal, Librairie Beauchemin, 1913, 140 p.

Philippe Gaultier de Comporté, premier seigneur de La Malbaie. Québec, l'Action sociale, 1917, 13 p.

Silhouettes canadiennes. Québec, Imprimerie de l'Action sociale, 1919, 115 p.

L'Obscure Souffrance. Québec, Imprimerie de l'Action sociale, 1919, 115 p.

La Vaine Foi. La Revue nationale, vol. III, n°s 9-11 (septembre-novembre 1921).

La Sève immortelle, roman canadien. (Avant-propos de Thomas Chapais). Montréal, Bibliothèque de l'Action française, 1925, 231 p.

Œuvres romanesques. Montréal, Fides, 1975, Tome I, 242 p. Tome II, 317 p. Tome III, 218 p.

Table

Dans la même collection